実学
キャリア入門

社会人力を体感する

有田五郎・今井昭正・上 憲治・戸川隆夫・村林栄彦 著

学文社

はじめに

　「100年に一度の経済危機」「地球規模の金融危機」といった言葉が新聞やテレビをにぎわしています。これから社会に出ていこうという皆さんにとって，きわめて衝撃的なニュースです。さらには，大企業の相次ぐ人員削減策や赤字決算の発表などに接すれば，自分たちの将来はどうなるのだろうという不安を覚えずにはいられないでしょう。
　そのうえに，わが国を取り巻く年金問題，医療問題，財政赤字問題，食糧問題，少子高齢社会の到来，そして環境問題などは，相互に複雑に絡み合い問題解決を容易ならざるものにしています。
　日本のみならず世界の国々の経済や社会の仕組みそのものを基本的な部分から改めなければならない時期にさしかかっているようです。アメリカのオバマ大統領が唱えた"Change"とは，まさにこのことを象徴的に表わした言葉といえましょう。

　本書の著者たちは，日本が今以上の危機ともいえる第二次世界大戦後の貧しかった時代に少年期・青年期をすごした経験をもち，その後の発展期にビジネス世界に身をおいていた者たちが主体になっています。本書は，著者たちが実社会で学んだ数々の経験や考え方について，これから社会人になる皆さんがより早く社会になじめる，会社に溶け込める，仕事の意味や目的が理解できるためにはどのようなことを知る必要があるだろうかという観点からつくり上げたものです。さらには「自分の未来を自分でデザインする」，すなわち，主体的・計画的に自分の人生を歩むとは，どういうことかについて学べるようにつくられています。
　ここで学ぶことは社会人の基礎ともいえる部分であり，どの職業に就こうが，普遍的に必要なものです。
　社会人がこのような時代を切り拓く1つの鍵として資格取得がさかんにいわれており，現に資格取得をめざしてがんばっている人もたくさんいることと思います。しかし，資格さえ取れば仕事はできると誤解してほしくありません。資格の大前提として，いわば「社会人力」ともいえるコミュニケーション能力や社会人に必要な基礎的な知識・技能があり，その社会人力がなければ資格は生きてこないのです。
　著者たちの経験からみて極端ないい方をすれば，「危機」といわれなかった時代は1年としてありません。そしてそのような危機は，意識する，しないにかかわらず，なん

とか解決されています．あるいは，単に問題を先送りしたにすぎないかもしれませんが，時代は確実にすぎ変化してきました．今回の危機もこの例にもれないでしょう．しかし現代は，情報化・グローバル経済化した社会となり，変化のスピードは著者たちのビジネスマン時代より格段に早くなっています．今日の勝利は明日の勝利を保証しません．それだけに皆さんのこれからの社会人生活には，変化対応力が問われることとなります．そのときに，コミュニケーション能力や社会人基礎力を無視しての変化対応は困難です．

　本書は，ステージⅠで「社会人力を身につける」をテーマとして社会人基礎力が身につくように構成されています．また，ステージⅡでは「キャリアデザインを考える」をテーマとして，自分自身のキャリアをデザインするための方策を学ぶように構成されています．その間にグループワークを6回配し，グループで活動することでリーダーシップ，コミュニケーション，モチベーション等実社会で経験する数々のテーマを学ぶように意図しています．

　この大変革の時代は，新しい考え方や新しいビジネスが生まれる大きなチャンスです．日本経済の発展期を支えた著者たちの世代が経験を通じて学んだ普遍的に役立つ考え方・知識・技能を次世代へ引き継ぎ，次世代の皆さんが勇気と大胆な行動をもって変革の時代を切り拓いていくことが可能になれば，これにすぐる喜びはありません．
　皆さんの活躍を大いに期待するところです．

　2009年2月

著者一同

目　次

ステージⅠ　社会人力を身につける…今の「自分」を考えよう！　1

1. オリエンテーション──実りある大学時代を送ろう　2
    1. 高校と大学のちがいについて（自主性・時間管理など）　2
    2. 自分は何をすべきか考える　3
2. 社会人に必要なことはなんだろう　5
    1. 社会人とは何か　5
    2. よいつきあいをするために　7
3. お金について知ろう　10
    1. お金の現実を知る　10
    2. お金をどう扱うか　13
4. まずはマナーを身につけよう　16
    1. なぜマナーは必要なのか　16
    2. 仕組みを理解して行動する　18
5. グループワークⅠ　自分から動く　21
    1. 目的を設定し確実に実行する　21
    2. エクササイズ「実行力なら，この人」　22
6. 何をめざすのだろうか　24
    1. 人生の課題と職業　24
    2. 自己実現と人生の課題　26
7. コミュニケーションの基本を知ろう　29
    1. 「聴く」「話す」「読む」「書く」が4大要素　29
    2. 「結論から」を理解する　30
8. グループワークⅡ　自分から伝える　32
    1. 自分の意見をわかりやすく伝える　32
    2. エクササイズ「考えを聴いて！」　33
9. 「きく」をきわめよう　35
    1. 「聞く」「聴く」「訊く」──大事なのは相手の気持ちに注目　35
    2. メモをとる習慣をつける　37
10. 「話す」をきわめよう　39
    1. 対人応対と電話・携帯の基本　39
    2. 相手が一段落してから，こちらが話す　42
11. 「読む」をきわめよう　43
    1. トピックス・時事問題を知る　43
    2. まずは新聞に目をとおす　45
    3. メディア・リテラシーをみがこう　46
12. 「書く」をきわめよう　48
    1. エントリーシート・履歴書・ビジネス文書のポイント　48
    2. 自分のキーワードを絞る　53
13. グループワークⅢ　自分から準備する　54
    1. 課題解決に向けたプロセスを明らかにし準備する　54
    2. エクササイズ「仲間と海外へ」　55
14. 仕事の場で必要なことを知ろう　57
    1. 協調性──チームで働く力　57
    2. 「一緒に働きたい」と思われる自分を創る　59
15. 大学時代の夏をどうすごすか　60
    1. どうすごすと自分にプラスになるか　60
    2. アルバイト・インターシップ・ボランティアのもつ意味と意義　61

ステージⅡ　キャリアデザインを考える…未来の「自分」を創造しよう！　　63

- ⑯ 大学での学びとライフデザインを考えよう　64
  - 1　人生設計を思い描く（ライフデザイン，夢，希望）　64
  - 2　世の中での自分の立ち位置を知る　65
- ⑰ 人間はなぜ働くのだろうか　67
  - 1　仕事の意義とは　67
  - 2　働く目標を考える　69
- ⑱ 自分は何がしたいのだろうか　72
  - 1　野心とやりたいことを考える　72
  - 2　やりたいことを続けるための努力　74
- ⑲ 自分を知ろう　76
  - 1　「自分を知る」ことができるだろうか　76
  - 2　気まぐれな自分とこだわる自分　78
- ⑳ グループワークⅣ　自分から取り組む　81
  - 1　進んで物事に取り組む　81
  - 2　エクササイズ「自分の強みって？」　82
- ㉑ 経済を学ぼう　84
  - 1　日本経済と世界経済の実態　84
  - 2　自分のおかれた環境を把握する　87
- ㉒ 働き方を理解しよう　88
  - 1　雇用実態を知る　88
  - 2　キャリアの多様性を知る　90
  - 3　資格を活かした仕事　91
- ㉓ グループワークⅤ　自分から働きかける　92
  - 1　他人に働きかけ巻き込む　92
  - 2　グループワーク「皆さん，ありがとう」　93
- ㉔ 就職するとはどういうことだろうか　95
  - 1　与えられた人間関係のなかで一日の大半をすごす　95
  - 2　自分が何に向いているかわからないという人へ　96
  - 3　就職するとはどういうことか　97
- ㉕ 業種を知ろう　100
  - 1　TV・コンビニで目にするのはほんの一部　100
  - 2　大人から聞く習慣をつける　102
- ㉖ 企業を知ろう　105
  - 1　企業とは何か　105
  - 2　企業の全容を知る　107
- ㉗ 職種を知ろう　109
  - 1　世の中知らない職種だらけ　109
  - 2　自分の興味にあった職種を選ぶ　112
  - 3　起業をめざすために　113
- ㉘ グループワークⅥ　自分を律する　114
  - 1　社会のルールや人との約束を守る　114
  - 2　エクササイズ「やってしまった！」　115
- ㉙ 企業人に求められるものはなんだろうか　117
  - 1　自立と自律　117
  - 2　相手目線を理解して行動する　118
  - 3　コンプライアンス・CSRを知る　120
- ㉚ まとめ──豊かなキャリアデザインを創ろう　122
  - 1　キャリアデザイン，ライフデザインの意識を　122
  - 2　今すぐできることから始める　123

ステージ I

社会人力を身につける
…今の「自分」を考えよう！

1 オリエンテーション
── 実りある大学時代を送ろう

志望大学に入学したTさんですが,「社会人になったらなかなかできない一般教養を幅広く学ぶべき」「なんといっても専門科目に注力すべき」「キャリアを考え,社会人基礎力を養い,**社会性**,**社会人力**を身につけるべき」「バイトや部活で幅広い経験と交友関係を」といったアドバイスが交錯し,何を優先すべきか迷っています。

1 高校と大学のちがいについて(自主性・時間管理など)

　高校と大学の根本的な違いを学生の立場でいいますと,受動(passsive)と能動(active)とのちがいといえるかと思います。大学ではスターターとパワフルなエンジンをもって,自分から行動を起こさなければ何も得られません。すなわち世の中のメカニズムが双務的・双方向的であることを,自覚して行動することが求められます。

　高校の授業の場合,基本的には決められた時間割を履修します。大学では,必修科目以外は自分のめざす目標を考え,どんな科目を週に何科目履修するかを自分で決め,履修届を提出します。また,大学にはホームルームの時間はありません。大学の告知はすべて掲示板かホームページで行われます。すなわち大学では必要な情報は自ら取りに行く自発的行動が求められます。そのために大学では,学生との情報窓口として,授業関連・学生生活関連,就職関連・授業料奨学金などお金関連の窓口を設けています。何かあれば,これらの窓口を積極的に活用しましょう。

　大学では,ほとんど友人をつくらなくても,必要卒業単位を取得すれば,卒業できるかもしれません。しかしそれだけでは社会に出て活躍できる人材にはなれません。交友の輪を広げ,若者らしい知的**好奇心**をもって,大学生活に挑戦したいものです。

社会性　社会に参加し,社会に適応し,他の構成員と円滑に交流し,その過程で自分自身の目的を達成して行くことのできる能力。

社会人力　単なる学力や体力だけでなく,思いやりや人の心を察し動かす能力もなければ,社会はうまく機能しない。職場や地域社会で活躍するための力＝社会人力が求められるのである。

好奇心　欧米では大学生に知的好奇心を常にもつことを学びの原点と位置づけている。次の諺がそれを象徴している。Learning with curiosity is weightless, a treasure you can always carry easily.

2　自分は何をすべきか考える

　高校卒業までに自分の**人生設計**をある程度固め，それに基づいて大学生活をどう送るかを考えている人はそんなにたくさんはいないと思います。むしろ漠然としか考えていないというのが普通だと思います。人生設計は時の流れのなかで可変でもあります。自分の人生に漠然とした希望（夢）はもっているものの，自分の航路の海図を描けない，描いていない人が大多数だと思います。よく「何をしたいかわからない」という人がいます。「考えたことがないからわからない」のか，「考えてはいるがどんな選択肢があるかわからない」のか，「選択肢が複数あって絞り込めない」のか，それとも「やりたいことはあるけれど，その道に足を踏み入れるのが怖いから，決めること逃げている」のかなど実態はさまざまです。就職のタイミングになってあわてて人生の進路を考えるのではなく，今から「自分の生きがいは何か」「どういう人生をめざしたいのか」を考え，そのために必要な能力を身につけましょう。今の段階で職業選択やキャリア開発の方向づけができなくても，どんなキャリアにも必要とされる基礎力強化に取り組みましょう。

　キャリア教育は，実践教育を重んずるアメリカで発展してきたものです。したがって，「大学は象牙の塔意識」の抜けない人たちのなかには，大学は広く深く教養を深め各々の専門分野の学問を修める場所であるべき，大学教育にキャリア教育はなじまないという議論も存在します。しかし世の中が複雑化し多様化し，IT・ICTの発達によるグローバル化が進む社会状況を考えると，大学でのキャリア教育の重要性は理解できると思います。要は個々人の目標に基づいて「一般教養」「専門教育」「キャリア教育」を適切に案分することこそ大切であると思います。キャリアデザインを考える際，自己分析（自己イメージ）がその第一歩といわれます。興味（何をしたいか），能力（何ができるか），価値観（何が大事か）を考えてみましょう。何をしなければならないかを考える前に，人生で何をしたいかを考えることは非常に大切なことです。

人生設計　人生の豊かさを求めて自分の人生をデザインすること。ライフプラン・ライフデザイン・キャリアデザイン・キャリアプランなどともいわれる。ライフプランには人生全体の意味をもたせているケースがある。
　キャリアデザインとは，長期的に自分のキャリアを自らの手で主体性をもって計画することである。自分の能力・性格・望むライフスタイルを把握し，実際の社会環境や労働市場を考慮しながら，めざす将来像に近づいてゆくことである。

社会人になる予習

　ほとんどの大学生，短大生は在学期間中に「成人」になります。年齢のうえから大人になるわけです。しかし，ある時期が来たからといって自動的に大人になったと実感する人はなかなかいるものではありません。子どもとはどんな人たちで，大人にはどんな特徴があるのかを考えてみることは「社会人」になるために役立ちそうです。

　大人と子ども　夕食後，あなたは音楽番組やお笑い番組を見たいのにお父さんはニュースや報道番組にチャンネルを合わせてしまうことはありませんか。暇な時間ができた時，あなたはケイタイで友だちとメールをしたり昨日のJリーグの試合の結果をチェックしたりしますが，お父さんやお母さんは新聞をめくっています。電車の中で，高校生は中間テストのために一心不乱に教科書を読んだり，イヤフォーンで音楽を聴いたりしています。その隣でスーツ姿のキャリアウーマン風の女性は新聞の経済面から目を離しません。ここにあげたようなことを経験したり目撃したりしたことはないでしょうか。

　このような例をあげたのは，子どもとはそうしたもので，大人とはそうしたものだということを言いたかったからです。どちらが良くてどちらが悪いといったことではありません。この例から見るかぎり，子どもは自分の趣味や行動に直接つながっていることをしていますが，大人は自分の仕事や生活に直接に関係したことではないことに興味や関心があるようです。これは，大人に比べて小学生や中学生，高校生は生活圏が狭く，接する人も学校関係者や家族・親戚，地域の住民など直接的に利害関係のある人々に限定されているからでしょう。これに対して大人は，仕事においても日常の生活においても直接的な利害関係者に会うだけではなく，「今ここにいる自分」とは関係がないことをしなければならないこともあります。つまり，現在会って話している人の背後に多くの人が連なっていることを意識しています。これは，多くのさまざまな人々が直接・間接につながっている輪の中に自分が存在していることを経験上知っているからです。このさまざまな人々との直接・間接のつながりの輪を「社会」と呼ぶとすれば，大人は社会にとても強く関心をもっているといえます。大学生や短大生は，子どもが大人になるちょうどその境目にいるといえます。大学や短大は学生が「社会人」になる訓練をしている期間であるということもできます。

　社会人になる訓練　社会人になる訓練にはいろいろな方法がありますが，「新聞」を読むことも有効な方法の1つです。新聞には毎日数多くの多様な記事が載りますが，ほとんどすべての記事はあなたとは直接関係ないものばかりです。しかし，「直接的」には関係ないかもしれませんが，「間接的」には関係があるのです。それは，私たちが社会のなかで生活しているからです。新聞には，事件や出来事のニュース記事だけでなく，その出来事にはどんな背景があるかを説明している解説記事，その出来事をどう考えるかを述べた論説記事など，さまざまな情報が載っています。社会の仕組み・成り立ちを知るにはとても有効なツールです。まさに，社会を覗き見る「窓」といえるでしょう。

　大人である「社会人」が夕食後テレビでニュースや報道番組を見たり混雑した電車の中で立ったまま新聞を読んだりするのは，させられているのではなく，自分からすすんでそうしているのです。社会の動きを知ることが生活の一部になっているのです。「社会人」になる訓練をしている学生時代に，新聞を読む習慣を身につけ，やがてあなたがその一員としてデビューしていく社会の動きを予習してはいかがですか。

（佐々木　靖／帝京大学短期大学）

2　社会人に必要なことはなんだろう

ある会社で雇った一人の学生アルバイトのＥさんのことです。明るい人柄で言葉遣いやマナーもさわやかです。遅刻や欠勤もなく，真面目な就業態度で社員の評判は上々でした。

いよいよ給料日が来た日のことです。Ｅさんが給料明細を見ながら，「この所得税ってなんでしょうか？　なぜこんなに引かれるのですか？」と言うのです。担当者はＥさんの顔をじっと見てしまいました。

もちろんＥさんは税金について知らないわけではありません。税金を納めることが納得できないというのです。「私はまだ学生だし…」。皆さんはどう思いますか？

1　社会人とは何か

(1) 社会人の条件

私たちは，いつから社会人になるのでしょうか。学生だと社会人ではないのでしょうか。一般的には就職をして保護者の手を離れ，自活を始めたときから社会人だといわれますが，はたしてそうでしょうか。すると，高校を卒業直後に就職した人はその時点で社会人だし，高校進学をしなかったら中学卒業時点で社会人です。大学院に進学したらどうなるのでしょうか。ですから，学生だから社会人ではないとはいえません。

少年法が適用されないとか，選挙権や被選挙権があるとか，20歳の成人式を迎えたなどということは一応の目安ですが，決定要因ではありません。それでは，いつから社会人になるのか考えてみましょう。

第1に，皆さんは社会人になることを願っていますか。社会人になる覚悟はできていますか。まずその姿勢を再確認してくださ

社会人　社会とは，明治期にsocialの訳語として使われはじめたが，私たち日本人にとってはなじみが薄い。それまで使われていた「世間」とか「浮き世」のほうがなじむ。なじみすぎて，かえって泥臭いのである。明治の文明開化以来，私たちはそんな泥臭さを嫌って，欧米的な概念で身を包んできた。つまり社会性といっても概念でしかなく，気持ちに重なっていない。

い。その前提で社会人に必要なことに意義を感じられるのです。これが社会人に必要な第一条件ではないでしょうか。

　第2に，社会意識とは，自分と同等の存在に気がつき，そうした人たちに配慮しよう，ということに気がつくということです。

　規則やきまりは，自分が一人ではないという証です。孤独な人は，挨拶したり，身だしなみを整えたり，言葉遣いに配慮したりする必要もありません。時間を守ったり，スケジュールを立てたりする必要もないのです。その人は市井にいても孤独なのです。

　私たちは孤独ではありません。ですから，わがままはもう許されていないことをよく自戒しなければなりません。

　しかし私たちがわがままなのは，単に子ども期の生活習慣から抜け出ていないことのほうが多いのです。青年期は，このわがままをクリーンにしておかなければかっこ悪いのです。

(2) 社会に映る自分の影

　どこに行っても必ず嫌な奴がいます。ストレスの対象（ストレッサー）になる奴がいるのです。これまでの皆さんの人生を思い出してみてください。幼稚園のときはどうでしたか。小学校のときはどうでしたか。中学，高校，そして今大学ではどうですか。

　同様なことは人だけではなく事柄や出来事にもあります。そして私たちは，そんな人や事柄がなければよいのにと思い，一生懸命アクションを起こすのです。まずは逃げ出そうとし，それがかなわない場合には攻撃しようとしたり，破壊しようとしたりします。

　どうしてそうなるのでしょうか。1つ考えられることは，実はそれは対象に原因があるというより，自分の側に原因があるということです。そうした人や事柄は自分の影のようなものです。自分の嫌いなものをその人はもっている。自分が届かない才能をその人はもっている。嫌だなと思うことが起こる。実はそのことは自分だけが嫌なことであり，自分だけが嫌いな人なのです。友人や家族に一生懸命説明し，賛同を求めたりするのは自分を正当化しようとしていることでしかありません。

　ですからそんな場合は，それらを毛嫌いしている自分を省みて，

📖 **参考図書**
『ヨーロッパをみる死角』（阿部謹也，岩波書店）

ストレッサー　ストレスをもたらす対象で，ストレスとはそれによって起こった自分の側の現象である。

自分はこんな人が嫌いだったのだ，こんなことが嫌いなのだ，ということを知るチャンスなのです。しかし，その毛嫌いは絶対にどうしようもないものとしか思えません。本当に困ってしまいます。

　実は，それは克服しなければならないことです。克服しなければ，いつまでたっても出現してくるものです。しかもそれは，実は自分がつくり出している現象です。しかし私たちはそれを対象のせいにします。ですから，対象を消そうとしますが，対象が消えても同様な対象がまた現れるのです。

　社会というところはそうした対象や出来事を集団で除こうとします。**同和問題**などもそうした現象の一環だといえます。

　人間には貴賎はありません。貴賎は人間がつくっているものです。この意味が本当にわかることは難しいことです。人の選り好みはその人の課題です。選り好みされた対象の課題でありません。その課題を乗り越えない限り，人は幸せにはなれません。社会とは自分を克服する場所なのです。

同和問題　被差別部落問題は，日本における差別問題の1つである。居住地域が限定され，被差別身分化は罪人に対する刑罰の1つでもあった。現代では，世系差別と地域に対する差別を同和問題という。

2　よいつきあいをするために

　社会はそれほど広くはありません。たくさんの人とつきあう人もいますが，平均的には私たちのつきあいの**範囲**はそれほど広くありません。ごく限られた範囲です。皆さんは現在何人の人たちとどんなつきあいをしていますか。親友は何人ですか。いつも挨拶しあう仲間は何人ですか。顔見知りは何人ですか。年賀状を送る人は何人ですか。

　就職をしたら，そこからまた新たなつきあいが始まります。その人たちとどのように接していったらよいのでしょうか。基本的にはよい人間関係を継続していくように努めることが大切です。

　そのためにはいくつかの大切な条件があります。以下はその基本的なものです。そのなかには，「幼児的なわがまま」や「孤独癖なわがまま」，そのほかからきている自分の弱点があるかもしれません。自分の現状とよく照らし合わせて自己改善していきましょ

つきあいの範囲　政治家やタレントなどはつきあいを広め，知名度をあげることが大切な仕事である。また，量販店の店員はたくさんの不特定多数のお客さんに応対する。
　友人として日々接触している人，お客さんとして応対する人，マスコミなどの媒体を介してかかわる人というように，社会では状況に応じてさまざまなつきあいをしなければならない。

う。それが社会人への大きなステップになります。

(1) コミュニケーションをとれるか？

社会は縦的に構成されています。学生時代は横的な構成でした。同学年・同年齢で構成され，コミュニケーションも容易にとれました。しかし社会では，20代から60，70代の年齢の人たちと働くことになります。皆さんは縦社会でのコミュニケーションをうまくとれるようにならなければなりません。

(2) あなたの常識，社会の常識

異年齢社会では皆さんの知らない**常識**があります。受け入れがたいこともあるかもしれません。あるいは，まったく気がつかないで困らせていることがあるかもしれません。

能力や人柄がよくても，服装や言葉遣い，態度，挨拶などが悪ければぶち壊しです。しかし，すぐには直せないので，学生時代から習慣化しましょう。

形式が大事です。しかし，形式だけでもだめで，中身が大事です。さらに中身だけでもだめで，本音も建前も大切です。そうした両面を含めたものを総じてマナーといいます。

(3) 協調性

社会に対して攻撃的な人がいます。皆さんはよい社会人になろうとしていますか。それとも反社会的ですか。この点をまずよく反省しなければなりません。

反社会的な人は，生育過程のどこかでなんらかの原因で，人や社会への警戒心や防衛心理があり，ときには恨みを抱いているのかもしれません。精神分析的にはカウンセリングなどによってそうした症状を克服してもらいたいものだと思います。

しかし，私たちは皆多少なりともこうした傾向があるものです。社会人として一生懸命生きることには，そうした自分の人生の課題に取り組むことが含まれているのだと思います。

(4) 時間厳守

時間厳守は社会に出てからではなく，学生時代から重要なことです。時間にルーズだと大変損をします。その損失に気がつきましょう。長くかけて影響する結果と即効的に出る結果とがありま

> **常識** 社会の構成員が当然として有している価値観や知識，判断力のこと。しかし，所属する社会（人間関係）によって，常識は異なることも心得ておく必要がある。

す。私たちは後者のことはよくわかりますが，前者のことは気がつかないのです。しかし，社会では長く記憶されます。

学生のなかには就職すると朝が起きられるかどうか不安だという人がいます。「眠いから起きられない」ということから「眠くても起きる」に変えましょう。学生のときから習慣化しましょう。学校に着くころには目が覚めてしまいます。通学で歩けば代謝がよくなり元気になるのです。

(5) 約束を守る（責任と信頼）

社会生活では信頼が大切です。信頼はよい人間関係をつくる基本です。約束を守れない人は信頼されません。しかし，なんらかの不都合でこれを犯してしまうことがあります。多くの不幸がここから起こります。その原因は自分にはないとは決していえません。

約束をしていない場合でも人の信頼を裏切っているという場合があります。一方的に相手が期待していたとか，その職場の一員であれば当然守るべきはずだったとかというケースです。「とくに約束をしていないのだから自分に非はない」とはいいきれません。

また，相手に約束を破られることもあります。そんなときは，非常に理不尽な思いが起こります。しかし，その非は自分にもないとはいえません。対人関係には十分注意深くしなければいけません。

(6) 慣性の法則と生き方

仕事でも勉強でも手をつけるまでがむずかしいのです。いざ始めるとやがて夢中になって打ち込めるようになります。**慣性の法則**が働くのです。遊びもなかなか切り上げられないのは慣性の法則です。加速するまで辛抱すれば，それからは延びのよい走りが楽しめます。必要ならば嫌なことでも舵を切り替えてよい人生にしましょう。

時間厳守 とくに社会に出てからは，最も大切な信頼にかかわることである。5分前行動を心がけるとよい。また，万が一遅れる場合は，時間前に連絡して，お詫びすることが肝要である。

慣性の法則 運動の法則で，物体は止まっていれば止まったままで，動いていればその動きを続けようとする。私たちの行動や心にも同様なことがいえる。現在の状況を切り替えることは大変だが，いったん動きはじめれば楽になる。

3 お金について知ろう

Iさんは地元の高校を卒業して，1人で東京にあるアパートを借りて，大学の経済学部に通いはじめました。親からの仕送りとアルバイトで生計を立てていますが，お金のやりくりが大変です。親からの仕送り額を増やしてもらうか，生計費を切り詰めるか，アルバイトにもう少し精を出すべきか悩みはつきません。このところスーパーの食料品など値上がりするものが増えてきました。お金をうまく回していくにはどうしたらよいのでしょう。

1 お金の現実を知る

「お金」とはなんだろう。原始時代の物々交換から，欲しい物を貝殻や石の通貨で交換する時代，銅や銀の鋳造通貨の時代を経て，「金」にたどり着きました。Iさんの悩みは「お金」ですが，「お金」とは何かを知るためにお金の歴史についてふりかえってみましょう。

(1) 金本位制

日本のお金が「円」と呼ばれるようになったのは1871 (明治4) 年のことでした。明治政府は「**新貨条例**」により金貨，金地金，為替交換率をリンクさせる金本位制を導入，1円金貨＝純金1.5g＝1ドルでスタートさせました。その後，日清戦争 (1894～1895年)，第一次世界大戦 (1914～1918年)，世界恐慌 (1929年) と中断，復活の歴史を繰り返しましたが，第二次世界大戦戦禍 (1939～1945年) により，各国とも金本位制を離脱せざるを得なくなりました。

終戦直前の1944年の連合国通貨会議 (45カ国参加) においてIMF (国際通貨基金) とIBRD (国際復興開発銀行) の設立が決定され，金1トロイオンス (31.1035g) ＝35ドルの交換比率で米ド

新貨条例 1871年，明治政府は新通貨制度を制定。通貨の単位を江戸時代からの「両」に代え，「円」「Yen」に定めた (補助通貨は銭・厘)。旧1両＝新1円＝1ドル＝純金1.5gとされた。

ル金為替本位制（ブレトンウッズ体制）が1947年にスタートしました。

日本では1949年より固定相場制（1ドル=360円）がはじまり，1971年のニクソンショックによる金ドル交換停止後，スミソニアン合意による1ドル=308円（金1トロイオンス=38ドルに変更）の時代も長く続かず，ランブイエ首脳会議（G5）を経て1976年のキングストン合意によりIMFは変動相場制を正式に承認しました。

（2） 円高不況からバブル景気へ

「金」という交換価値をもつことによって保証されていた「お金」という通貨は，その後，広い意味での金本位制が崩れるたびに一時的に何度か実施されていた管理通貨制度という各国政府の裁量によるコントロール下におかれることになったわけです。

その後，円高ドル安誘導のプラザ合意，行きすぎた円高に歯止めをかけるルーブル合意も各国の協調がなされず，日本では輸出産業を中心に円高不況が発生，日本政府，日銀は円高対策に追われ，金融緩和と財政出動を進めた結果，1980年代後半の不動産や株式への投機が加速，バブル景気を引き起こしました。

（3） バブル崩壊から現在へ

バブル景気に浮かれていた日本に警鐘を鳴らしたのが1992年から適用されたBIS規制です。自己資本比率8％をクリアするための銀行の「貸し渋り，貸し剥がし」が起こり，その結果，企業の資金的行き詰まり，株価下落，企業倒産，銀行の自己資本比率低下，銀行倒産という悪循環に陥ったのです。

1996年のいわゆる金融ビッグバンにより，金融自由化の政策が進められ，外為法改正，株式委託手数料の完全自由化が行われる一方，ペイオフ制度は2005年まで実施延期となりました。

2006年公布の金融商品取引法により，銀行による金融商品取扱いが可能となりました。2006年ごろから日本の低金利に目をつけた内外の外人投機家は超低金利の円を借り入れることによりドル・ユーロを始めとする高金利通貨を購入借り入れ，返済時に高金利通貨を売り戻す円キャリー取引が2007年前半はさかんでした。

IMF（国際通貨基金） 通貨秩序の安定を図るための国際機関である。加盟国180超。為替変動幅上下1％以内と1オンス=35ドルの純金のアメリカ政府による交換の保証が約束された。

IBRD（国際復興開発銀行） 1952年に加盟した日本も道路建設や電力開発などインフラ整備のために，多額の借款を受けている。

ブレトンウッズ体制 1944年7月アメリカ・ニューハンプシャー州ブレトンウッズで世界経済再興の対策会議が開かれた。

BIS規制 1992年にBIS（国際決済銀行）が取り決めた「国際業務を行う銀行の自己資本比率は8％以上でなければいけない」というルール。

ペイオフ制度 ペイオフ（Pay Off）とは，払い戻し（精算）するという意味であり，破綻した金融機関に預けてあったお金を，預金保険機構（1971年に，政府・日銀・民間金融機関の3者の共同出資で設立された機関）を通じて預金者に払い戻す制度をいう。

2007年2月の上海株式市場の大暴落は1日で世界に広まり，日経平均が元に戻るのに1カ月余りかかりました。同年7月に端を発したアメリカのサブプライムローン問題は証券化商品を購入していたシティバンクをはじめ，欧米金融機関の含み損を拡大さ

お金の歩み（1871年6月～2008年9月）

年	主な為替関連の出来事
1871	6月，「新貨条例」による金貨，金地金，為替交換率をリンクさせる「金本位制の導入，1ドル＝1円＝純金1.5g
1897	日清戦争（1894～1895年）後の「金本位制」の復活，1円＝0.75g
	第一次世界大戦（1914～1918年）による「金本位制」の中断
1919	アメリカの「金本位制」復活を始めとして暫時各国復活
1929	世界大恐慌→第二次世界大戦戦禍（1939～1945年）により各国離脱
1944	7月，連合国通貨会議（45ヵ国参加）にてIMF，IBRD設立決定
1947	3月，米ドル金為替本位制（ブレトンウッズ体制）のスタート
1949	4月，固定相場制（1ドル＝360円）はじまる
1971	8月，ニクソンショックによる金ドル交換停止
1971	12月，スミソニアン合意による固定相場制（1ドル＝308円）
1973	2～3月，先進各国固定相場制離脱により「金本位制」終焉
1975	11月，ランブイエで初の首脳会議（G5）
1976	1月，キングストン合意によりIMF変動相場制を正式承認
1978	7月，1ドル＝200円割れ（199.10円）
1984	12月，円安251.58円へ
1985	9月，プラザ合意による円高誘導による円高ドル安政策
1987	2月，ルーブル合意による円安歯止め
1987	10月，ブラックマンデー，ウォール街の株価暴落
1994	6月，円高，戦後初めて1ドル＝100円突破（98.95円）
1995	4月，東京市場円最高値79.75円を記録
1997	タイ，バーツ危機，アジア通貨危機の始まり
1998	日本版ビッグバン（金融大改革）始動
1999	1月，EU共通通貨（ユーロ）発足，3月，不良債権処理9兆円超
2001	9月，基準割引率（公定歩合）史上最低の0.1%に
2002	9月，7カ国（G7）会議で日本不良債権処理加速を公約
2004	7月，三菱東京フィナンシャル・グループとUFJグループ統合発表
2005	4月，預金等の元本1000万円とその利息までのペイオフ全面解禁
2006	1月，ライブドア堀江社長逮捕。6月，村上ファンド社長逮捕
2007	2月，上海発世界同時株安。7月，サブプライムローン問題発生
2008	3月，ベア・スターンズ破綻。9月，リーマン・ブラザーズ破綻

せ，モノライン保険会社の保証能力にも疑義を引き起こしました。2008年3月にアメリカ大手証券・投資銀行のベアー・スターンズ社がサブプライム関連損失で破綻，同年7月には住宅公社2社を支援する住宅公社支援法が成立，同年9月にはリーマン・ブラザーズ社が破綻，アメリカのサブプライムローン問題は世界の金融機関の損失に結びつく世界金融危機に発展する様相を呈してきました。

これはグローバル経済と新しい金融工学によってもたらされた21世紀型危機といえましょう。

まさに，私たちの「お金」は世界と密接に関連して動いているのです。

2　お金をどう扱うか

世の中のお金の動きは，このような歴史をたどってきました。現実に戻ると，皆さんの関心事はお金の流れ（収入・支出のサイクル）をどのようにうまくコントロールできるかにあるでしょう。家計簿や出納簿をつけていると，先月からの繰越金を今月どううまく使って，来月にどれだけ多く繰り越せるかを考えるでしょう。お金の流れを簿記的に表すと次のようになります。

(1) お金をどう生み出すか（収入）

家計簿はマイナスから始められません。まずお金ありきです。先月末から繰り越したお金は今月使うための原資（元手）ですが，どのようにして生み出されたかというと，次の4つが考えられます。

①**お金を稼ぐ**…働く（就職，起業）→労力を提供する（単純労働，知的労働）

毎月生活維持のため，一定額（給料）が入ってこないと，その日ぐらしで生計を立てているとはいえません。

起業の場合は，とくに定期的な収入が入る仕組みを考える必要があります。所得として得た収入には税金や社会保障費など差し引かれるもの（控除）があることも注意しましょう。

② もっているモノを売る…ものを売ってお金を得る

売れる資産（動産・不動産）をもっておく必要があります。新品のほうが中古品よりも高く売れるのは，時間が経つだけ価値が目減り（減価償却）していくからで，なかには骨董的価値により，当初の買値を上回ることもあります。買った値段（簿価）と現在の価値（時価）との差額（償却費）を考えておきましょう。

③ 信用や担保でお金を借りる…ローン，クレジット，質屋，サラ金，マチ金，ヤミ金

どうしても今必要な現金がすぐに用意できないときは借りるしかなさそうです。イスラムの世界では利子の概念がないといわれますが，お金を借りると（元金），普通は利息を払わなければなりません。信用や担保の大小が支払う利子率に反比例することを覚えておきましょう。担保は借金の返済に取られてしまえばおしまいですが，信用はそう簡単ではありません。無担保ローンや信用貸しで借りたお金は，どんなことがあっても返さねばならないことを，肝に銘じておいてください。

④ ただで貰う…親の仕送り，寄付金，持参金，物乞い

ただほど高くつき，失うものが大きくなることを忘れないでください。

このように，お金を得るためには何かを提供して，その対価としてお金を受け取ることになります。

(2) お金をどう使うか（支出）

つぎに繰り越されたお金（繰越金）は，使うか（消費），貯めるか（貯蓄），増やすか（投資）ということになります。

① お金を使う…消費する（衣食住を買う）→お金がなくなる

簿記的には消費のための支出は費用といい，一旦使えばそれでおしまいですが，のちまで繰り返し使用できるものは資産として次期への繰り越しが可能ですから，どちらを選択するか，注意を要します。とくに，将来の人生設計に必要な資産価値（繰り延べ費用）の高い，知識・ノウハウ修得のための

> **サラ金・マチ金・ヤミ金** サラ金はサラリーマン相手の小口貸金業者，マチ金は街で零細企業を相手に融資を行っている業者である。そのうち，都道府県知事に貸金業者として登録を行っていない業者をヤミ金と称している。いずれも通称である。

自己投資を忘れないでください。
②**お金を儲ける（当てる）**…お金を賭ける（競馬，宝くじ）
　一時所得や雑所得にも税金がかかる場合があります。悪銭身につかずということにならないよう，使い道は慎重に考えましょう。
③**お金を増やす**…貯金する（銀行預金等に預ける）→利子を受け取る（元利金）→投資（投機）する（利益を生み出すために行うが，元金まで失うこともある）
　ローリスク・ローリターンのものとハイリスク・ハイリターンのものをよく見きわめましょう。安全度（リスク）の高低と収益（リターン）の額も反比例します。

アメリカでは，所得の増加に頼るしかない無謀な計画であるサブプライムローンでの分不相応な住宅取得によって，自己破産に追い込まれる人が多くでました。いくつものクレジットカードのキャッシングで返済資金の自転車操業を繰り返し，借り入れ元利金を限りなく増加させる結果となり，自己破産ばかりか，ヤミ金に手を出し，もっと悲惨な結果に追い込まれる人もいました。

収入・支出の結果である収支尻の健全な生計を営むよう，とくに借金生活に陥らないよう十分気をつけなければなりません。

参考図書
『お金の危機管理』（黒澤計男，高木宏行，西田美樹共，新日本出版社）

『マネーはこう動く』（藤巻健史，光文社）

『金融商品取引法』（渡辺喜美，文藝春秋）

memo

4 まずはマナーを身につけよう

5月のゴールデンウィークも過ぎて皆だいぶ学生生活に慣れてきましたが、一人だけまだおぼつかない学生がいました。Kさんは挨拶しても、話しかけてもただジロリとみるだけでなんにも反応をしない学生でした。ほかの教員に対しても同様らしいのです。授業には休まず出ていますが、あまり理解していないようで、成績もよくありません。ただいつも、Yさんとだけ一緒にいました。

やがて1年も終わり2年生の春がやってきました。Kさんは相変わらずでした。KさんもYさんも教職課程を履修しており、やがて教育実習に行く時期になりました。あるときYさんが来て教職を辞退したいといいだしました。いろいろ話しましたが、結局辞退手続きを取ることになりました。そのときKさんも一緒に来ていて、ただじっと話を聞いているだけでした。同じ流れでKさんも辞退するのだろうと思っていたら、家で相談してくるというのです。後日確かめると「私は辞退しない」というのです。「伯母に相談したら続けたほうがよいというので」という訳です。私は何があったのかなと思いました。Kさんに変化が見られたのはそれからです。成績もよくなり、挨拶もするようになりました。教員もみんな驚きました。

生活状況を聞くと、2年になって伯母の家で下宿するようになったのだそうです。それまでの下宿先はかなり口うるさく、地方から出てきたばかりのKさんを萎縮させてしまっていたのです。

1 なぜマナーは必要なのか

あなたはマナーをよくしたいと願っていますか。その気持ちがなければ、この章はあなたにとって無駄に終わるでしょう。なぜ良くしたくないのでしょうか。その自覚がないのでしょうか。K

マナー ①仲間内で皆が気持ちよく生きるために共有する行為・行動。地域や国家単位では文化である。
②マナーとマニュアルは違う。マナーが理解されないでも仕事上などでは、形式だけでも実行できるようにマニュアルがつくられる。
③マナー違反で処罰されたりするのはマナーがルール化しているということ。マナーが良い・悪いで賛美されたり非難されたりするのは社会的な評価が加えられることである。法のように遵守義務はないが大きな影響を与える。
④しつけは、マナーの意味が理解できない幼児期などに、社会的に必要な行為を実行させるために行われる。その過程では処罰によって教育することもある。

さんのようにそんな余裕がないのでしょうか。あるいは，まだ必要ないと思っているのでしょうか。

(1) マナーの改善は根が深い

Kさんの社会性は，教員やクラスメイト間でもあまり良いものではありませんでした。当初の状況は，Kさんの性格もあるでしょうが，原因はその環境にありました。私たちのマナーも実はなんらかの原因によっており，それを解決しない限り改善されないもののようです。

(2) マナーとわがままのちがい

「マナーなんてばかばかしくて」「自分を偽ることじゃないか」という見方もあります。しかし自分を偽らないという建前をとおして，自分の悪いマナーで人を傷つけることはよいことでしょうか。実は単なるわがままなのではないでしょうか。

現代は，マナーの必要性を自覚できない環境になっています。というのは，今の時代は自分の心に正直に行動することを大切にします。マナーは，そんな自分の正直さに反するように感じる人もいるのです。素直さが失われると感じるのでしょうか。

さて自分に正直または素直とはなんでしょうか。その時々の自分の感情でしょうか。友だちを憎たらしいと思っていたり，自分が正しいと思ったり，働くのがばからしいと考えていたり……。それらを顕わにすることでしょうか。それは素直とか正直とはちがうものです。わがままということです。エゴイストと変わりありません。基本的には自分の願いを実現するのに無知なのです。

自分に正直であることは大変大切なことです。実は，自分に正直であるためにマナーを大切にするのです。私たちはよい社会生活を望み，よい友人やよい働き場所を大切にしたいと思っています。皆さんはどうですか。そんなことなど願っていないという人は，心になにか傷をもっているのかもしれません。一度よいカウンセリングを受けることをお勧めします。それはあなたが社会化するために大変大切なことです。

しかし社会化したくないという反社会的な気持ちを抱いている人もいます。なんらかの事情でそんな心ができてしまったので

カウンセリング フロイトのはじめた精神分析学では，私たちの心の問題はなんらかの過去の原因によっており，それを突き止め，認識し克服すれば解消すると考える。

す。国家や社会への破壊的な行為や思想は憲法では認められていません。いわゆるテロ防止問題です。それは認められませんが，そういう人もなんらかの大きな心の傷を負って，そうなっています。世間に溶け込むことができるよう，自分で自覚できれば喜ばしいですが，しっかりとした導きに遭遇するように願います。

(3) マナーは一日にしてならず

あなたはマナーはよい方だと思いますか。なぜそう思いますか。自分ではよいと思っていてもまわりの社会からみると，とんでもないということもあります。「思いちがいをしていないか」といつもふりかえってみましょう。

マナーは，一日にして成るものではありません。育った環境で身についたものです。自分では気にしないことも，社会では不謹慎なこともあります。独りよがりな行為を自分では気がつかないことが多いものです。まず自分のマナーを反省してみましょう。

📖 **参考図書**
『心の痛み』（小此木啓吾，NHK ブックス）

2　仕組みを理解して行動する

(1) いろいろなマナー

グローバル社会ではいろいろな習慣の人たちと交流します。「郷に入っては郷に従え」で，その習慣に合わせなければならないことがあります。またマナーは，私たちの生活習慣のあらゆるところにあります。衣食住から言語・行動・政治・経済などいろいろなマナーを，納得することも習慣を変えることも簡単にはできません。ですから，1つずつ身につけていきましょう。

以下にいくつかの基本的な事例をあげます。皆さんはどう考えますか。「わがままから社会性への道」はマナーから始まります。

①服　装　髪型や化粧，着るものや持ち物などの一切には他人への配慮と自己表現とが表されます。服装は自由ですが，その人の個性や生き方を表します。服装は，あなたの社会的態度や主張を示しているのです。周りの人たちは，それをあなたのメッセージとして受け取ります。それが，人の不愉快を期待するあなたのメッセージであるのなら，あなたがよい社会生活を願う

いろいろなマナー　挨拶，エレベーターのマナー，エスカレーターのマナー，車中のマナー，授業中や勤務中のマナーなど多くのマナーがある。

たとえば，食事のマナーを比べても，日本では器を手に持って食べるが，西欧や韓国や中国では器を持たないで食べる。日ごろ何気なくやっている箸使いにもたくさんのマナーがある（迷い箸，刺し箸，違い箸…）。

のは勘ちがいです。

②**言葉遣い**　言葉は形式的な表現もあったり，本音を理解してもらおうとする表現もあったりします。しかし本音なのに理解されなかったり，本心じゃないのに誤解されたりすることがあります。言葉はややこしいものです。あなたは普段どんな**言葉遣い**をしていますか。

　言葉は音であったり，サインであったり，ボディランゲージであったりします。心に湧いた気持ちは，そういうもので相手には伝わってしまいます。そうしたことをふまえて言葉遣いに臨みましょう。言葉の前に心の世界，気持ちのもち方を考え直しましょう。

③**態　度**　私たちは自分の意にそってふるまおうとします。態度は，なかなかごまかせません。心から納得しなければ態度にでます。納得していない態度は，かえってマイナスです。

　いっぽう，心ではよく理解し納得しているのに，態度に表すことができないことがあります。態度のとり方がわからないのです。これは育った環境の影響が大きいのです。ですから，あなたばかりではなく，あなたの家庭や親の評判にも影響することになります。好感のもてる態度は素直で誠実な気持ちから出てくると思います。

④**挨　拶**　社会人に要求されるポイントで最も高いものが挨拶です。はきはきと明るい挨拶は基本であり，一番大切なことです。

　あるシンポジウムで報告されたことですが，平成20年度新入社員の特徴は返事をしないことだそうです。社会では「はきはきとした返事」が期待されています。声をかけても，仕事の説明をしても黙って無表情にそこにいるだけなのです。冒頭で紹介した一時期のKさんのようですが，事情はそれとも違うようです。他人に配慮する気持ちが少ないのだろうと思います。自分がわかるとそれで完了し，わかったことを伝えなければという発想ができていないということです。王子様・お姫様のときはその必要性がなかったからです。

言葉遣い　言葉は「話す」相手や場面によってちがってくる。詳しくは，本書⑩を参照。

挨拶　2008年度オリコン調査報告では新入社員に期待することで第1位は挨拶で68％という高い比率であった。

(2) 作　法

　日本人は大変マナーにうるさい文化をもっています。究極は「道」です。茶道・華道・弓道・柔道・剣道・神道まであります。柔道はオリンピックではおされ気味ですが，もとは戦いを主とするものではありません。道を主とするものです。道は勝つことを主とするものではありません。どの道も同じところをきわめようとするものですが，そこがわかればよいということはありません。しかし，負けてもいいということでもありません。

　テニスの伊達公子さんは，プロテニスプレイヤーとして引退した10数年後，37歳にして復帰し，めざましい活躍で世間を驚かせています。その奇跡の秘訣が，松岡修造さんの解説で説明されました。伊達さんのテニスは神業的で，普通はボールが地面から跳ね上がって落ちてくるところを打ち返すのですが，彼女はボールが跳ねあがってくるところを打ち返すのです。「相手の打つボールの来るところが事前にわかり，人より迅速に返球姿勢に入れるからだ」という分析を科学的に解説していました。また剣聖と呼ばれた深草新十郎は，立ち会うと彼が剣を降ろした下に相手が来ているという不思議な剣法を使ったそうです。道をきわめるということはこういうことなのかと思います。

　私たちのマナーはこの道から来ています。明治以来，西欧流のマナーが混入して，道に基づくマナーが乱れていますが，私たちの社会で重視されているのはこの道に基づくものです。封建時代における儒教的なマナーも私たちの社会には受け継がれていますが，これも武士道としての道と考えられています。

　この道を語るものとしてよく例示されるのは，弓道におけるオイゲン・ヘリゲルです。ヘリゲルは，腕力と分析とで弓を引こうとしては挫折を繰り返しましたが，作法の奥義である無我の境地を会得して達人の域にいたったのです。外人でありながら日本の「道」の本質にいたったことは大変感心します。私たちのマナーにはそうした文化があり，私たちに受け継がれているのです。

参考図書
『日本人の〈私〉を求めて』(新形信和，新曜社)

5 グループワークⅠ 自分から動く

皆さんは自分で考えて行動していますか。皆さんは自分で考えるということを意識していますか。私たちは,普段の生活のなかでそれを意識することはほとんどありません。しかし,将来社会人として自立していくためには,この「自分で考えて,自分で動く」という姿勢がとても大切です。

本書における6回の**グループワーク**では,社会人基礎力（58頁参照）の構成要素からそれぞれ1つを取り上げます。**エクササイズ**に取り組んでほかの人と交わり,**フィードバック**してもらうことで社会人基礎力を養う第一歩とすると同時に,人間関係はどうできていて,どう動くのかを体感してもらいたいと考えます。

1 目的を設定し確実に実行する

よく「あのときに決断しておけばよかった」と思うことがあります。ただ,やみくもに行動に移すことではなく,冷静な状況分析と的確な判断が必要だった場面です。ある目的や目標によってしっかりと立てられた計画を,判断力や決断力によって行動に移していく力,それを実行力といいます。

社会では,自らが目的・目標を設定して行動を起こすことが求められます。そして,成果をどう上げるかも考えて取り組まねばなりません。まわりの人たちと協力して,一歩前に踏み出し,失敗しても粘り強く取り組むことが必要です。

では,どうしたらこの実行力を身につけることができるでしょうか。日常必要な心がけを3点あげておきます。

① 変化を恐れぬ勇気をもつ
② 決めたら続ける覚悟をもつ

グループワーク グループ活動参加により,メンバー間相互の影響を受け,個人が成長・発達する援助の過程。

エクササイズ （精神などを）働かせること,活用,行使。

フィードバック ほかの人に鏡になってもらって,その人に自分がどのように映っているのかを教えてもらうこと。

③時間・場所・人・物などの段取りを大切にする

頭ではわかっていても行うのはなかなかむずかしいものです。まずは，見本を探して考えてみましょう。

2　エクササイズ　「実行力なら，この人」

今回のグループワークは，「実行力のある人」を思い浮かべてその人の何があなたにそう思わせているのかを考えます。それをヒントに自分には何が必要なのかを見つけましょう。

● 進め方

〔まず，1人で〕
①次ページのワークシート「実行力なら，この人」の質問1.と2.に回答してください。質問1.の「実行力ある人」は身のまわりの人・著名人・歴史上の人物いずれでも構いません。

〔6人1組のグループになって〕
②各自が質問1.と2.に書いた内容をメンバー全員に発表します。ほかのメンバーの発言から「実行力のある人がもっている資質」をメモ欄に記入しながら聴きます。
③グループ全員が「実行力ある人の要件」を話し合います。
④各自が質問4.に対する自分の考えを記入します。
⑤再びグループ全員が質問4.の回答を発表，それぞれの考えを分かち合います。

ワークシート　エクササイズの内容が説明されていて書き込みを行う用紙。

5　グループワークⅠ　自分から動く　23

ワークシート　　　　　　　　　　　　　　　　　　　　　　　　　　　　（実行力）

実行力なら，この人

1. あなたの身のまわりの人（あるいは著名人，歴史上の人物でも可）で「実行力のある人」をあげてみてください。

    氏名（仮名でも可）：

2. あなたはその人のどの部分を見て，「実行力ある人」としているのですか？

3. 「実行力ある人の要件」をグループで話し合ってみましょう。
    メモ（ほかの人の考え・意見などポイントをメモする習慣をつけましょう。）

4. あなたが「その人」のようになるために，今後どのような行動を起こしますか？

© 株式会社ヒューマンリソース『社会人基礎力養成演習テキスト』

6 何をめざすのだろうか

私は教鞭をとっていますが，初めから教職をめざしたわけではありません。私の専門は哲学ですが，大学の**倫理学**の授業で感化を受け，倫理学を志すようになりました。実は，倫理学は選択肢に入っていませんでした。学部を哲学科にするときは，進路の先生は「貧乏を覚悟ですか？」と言い，親は猛反対しました。若い私にはその意味がわからなかったのです。経済に興味はありませんでしたが，政治には肌が合う気がしていました。しかし，哲学を選んだのです。

学者への道は，大学院進学のとき決めました。指導教授に相談すると，忙しいのに一時間あまりも喫茶店につきあってくれました。大学院で感じたのは，自分が学者の家に生まれたわけではないということでした。紆余曲折の果てにようやくその道を探し当てたわけですが，学者としての道にはモデルもなく，当惑のほうが多かったのです。

皆さんのなかにはこんな手探りではなく，家業のなかで育ち，家業を受け継ぐ人もいるでしょう。いずれにしても決して楽な道ではありません。また皆さんのあとに続く子どものことも考えましょう。

> **倫理学**　「倫理学は成り立つのか」という命題は，欧米の科学主義的哲学のなかからいわれたことである。A. J. Ayer は「倫理的命題は何もいっていない」といい，倫理学は学として成立しないと主張した。

1　人生の課題と職業

(1) 自分のやりたいこと

「何をめざすのか」には，「何をしたいのか」「何をすべきなのか」「何ができるのか」「何をしているのか」「何をしてはいけないのか」などいろいろな問いが含まれています。

皆さんは，このうちのどれを中心に考えますか。

よくいわれることは，自分の本当にやりたいことなど簡単にはわからないものだ，ということです。皆さんのなかで大学進学を決めたとき，明確な目的をもっていた人はいますか。私たちは，どうやってまだ見ぬ未来を決定できるのでしょうか。また，自分が目標とすることがどうしてわかるのでしょうか。

(2) それぞれの人生の課題

　誰の人生にも目標があります。私たちには一人ひとりが，自覚はしていないけれども課せられているテーマがあります。ときには家族や先祖からの期待であったり，いつの間にか自分に備わっている願望であったりします。それは自分に染みついていて，あまりにも生々しく，うっとうしいほどで，できれば切り離したいが，切っても切れないようなものです。それは自分自身といえます。それが，私たちの**実存**の実体といえないでしょうか。私たちにはそれぞれそうした人生の課題があるのです。それを仕上げたいのです。

(3) 職業と人生の課題

　人生の課題は，経済的な豊かさであったり，芸術的な表現であったり，政治的な国家づくりだったりします。いっぽう，そうした課題に気がつかない人もたくさんいます。あるいは，気づいていても職業や生活とは結びつけられない人もいます。いずれにしても，私たちには人生の課題があり，生涯それを背負っていくのです。

　しかし職業は，そうした課題とは直接関係しないようにも思えます。進路を決めたとき，皆さんはどのように決めましたか。自分の人生の課題を見つめて決めた人は少ないのではないでしょうか。将来の職業を念頭において決めた人のほうが多いのではないでしょうか。今，各大学の進学説明会で多い質問の1つは就職についてです。進路決定は，職業を中心に行われているのです。

　しかし，入学当初の希望どおりに就職する人はわずかです。これは進路決定が，それほど徹底して考慮されたものではないことを意味します。簡単に覆される程度の決定なのです。いうなれば，何をめざすのかよくわからないままに決定されているのです。その決定要因は，見た目やイメージ，かっこ良さ，待遇などを検討するだけで，自分の人生の課題と関連づけられていないのです。ですから，途中で怠けたり退学したりできるのです。

(4) 職業は必ずしも人生の課題と一致しない

　人生の課題と職業とは深く関係します。しかし，必ずしも一致

実存　実存とは19世紀西欧に起こった思想。Existentialismといい，世界がどうであるかを説明することよりも，実際にどう生きるということのほうが優先するという主張である。

しなくてもよいと思います。職業的には自分の能力や適正のうえで問題がなければよいし、そんなに抵抗感のないものであれば十分だと思います。職業は生活の糧を得るためのものです。それが自分の人生の課題に取り組むものであれば幸せですが、必ずしもそうでなくともかまわないのです。しかし、それが一致しないために満足できなくて、いつまでも職を転々としている人もいます。

> **職業と人生の課題の一致** 職業と人生の課題との一致を、児童・生徒期の学校教育で教えるため、適性検査などが教育産業で開発されてきた。私たちはそうした戦後教育の影響を受けている。

2 自己実現と人生の課題

(1)「自己実現」

私たちが受けた近代教育は、西欧的個人主義に基づいて個性や才能や天分などの実現をめざしています。**自己実現**という言葉がそれです。しかし西欧的なこの観念を、私たちはどこまでわかるのでしょうか。長年この観念を疑うこともなく受容はしていますが、一方では西欧的なこの「自己」は、私たちの人生とは隔絶しているようでもあります。この観念では、私たちは自分の目標を語りきれないのです。なぜなら、私たちには西欧的な「自己」や「自己実現」というものがはっきりしないからです。ですから、私たちは自分が「何をめざすのか?」ということについて、地に足がついていない状況なのです。

> **自己実現** A. マズロー（アメリカ、1908-1970）によっていわれたもので、最も西欧的な人間観を表現している。西欧においては、「自己(self)」が最も基本的な人間観や世界観である。

(2) 私たちの立場

「自分とはなんでしょうか」「自分の個性とはなんでしょうか」「自分の天分とか才能というのはなんでしょうか」「自己実現とは何を実現することでしょうか」。

これらの問題に対して、皆さんはぴったり納得ができる明確な答えを見つけられるでしょうか。これらの質問は、西欧的な**人間主義**の立場から発せられています。実は、私たちにはこれらの問いの前提となっている「自我」や「個人」の観念が明確ではないのです。それは私たちが文化的に遅れているからではありません。私たちの文化は、西欧的個人主義の文化とは**パラレル**なのです。

(3) 2つの「自己」の世界

グローバルな時代では、西欧的な自我観も無視することはでき

> **人間主義** 人間主義の真意はなかなか理解されない。ヒューマニズムといわれるが、人間以外、結局は自分以外への配慮が希薄な生き方ではないだろうか。

> **パラレル** パラレルとはどこまでいっても混じり合わず、相容れないということである。ここでは、西欧個人主義と日本的融合の生き方とは両立しないということをいう。

ません。つまり，私たちには2つの「自己」の世界があるといえます。1つは日本人としてのなじみ深い私であり，もう1つは移入されて表面に被さっている私です。前者は自分の命がもえる世界であり，後者はぎこちないまねごとの世界です。私たちはこの2つの世界で生きていかねばなりません。どちらも疎かにしてはならないのです。最もなじみ深い自分を知り，あまりなじまない他所の観念でコミュニケーションしなければなりません。

　何かをめざそうとするとき，私たちはこの2つの自分の目標を混濁してしまいます。2つとも実現したいと願い，そのための具体的な職業などを探そうとするからです。日本人としての自分を実現しようとする私と，西欧的な自我を確立しようとする私とが葛藤するのです。実は，これは明治期から日本人が悩み続けているテーマです。そして現代社会が混乱に陥っている問題の核心部分です。これに対する皆さんの態度が皆さんの生きる態度なのです。

日本人の悩み　明治の文豪森鷗外は軍医であったことはよく知られている。彼は当時，夏目漱石などと同様に明治の西欧文化のなかで，日本の生きる道を求めて苦労した。鷗外の文学はそうした課題に取り組んだもので，むしろそちらのほうが，世間的に広まったが，彼の職業は作家ではなかったのである。

(4) 2つの混乱

　では私たちは「何をめざすのか？」という質問にどう応えられるのでしょうか。一人の青年の道を話しましょう。

　　友人の長男ですが，彼は高校生でオーストラリアに留学しました。その後日本に戻りましたが，また東南アジアからインドへと無銭の旅にでました。旅から帰ってしばらくすると大阪の靴屋に入り，そこで和歌山の靴職人のところに弟子入りしました。程なく横浜に戻るとボランティアの活動に身を投じ，いまだに親のもとで自活しないまま，結婚もできないでいます。本来なら大学に進学しているはずです。またやがて就職活動をするころです。こういう青年は海外には結構います。自分を探せないまま放浪生活をしており，海外だとそれをごまかせるからです。

　私たちは「就職」と「自分の人生の課題」とを一致させようとします。そうして私たちの自己実現を得ようとするのです。ここには2つの混乱があります。

　1つ目の混乱は，「人生の課題」と「自己実現」との混乱です。「自己実現」は西欧的自己の実現であり，自然や社会に対して自分の論理を強要するやり方です。ですから西欧流では自分を主張し

なければならないのです。自分の言い分を言うのが一人前の人間なのです。言わないのは，まだ自己を確立していないのです。しかし，「人生の課題」とは私たちの**追求する道**の問題です。あまりエゴを強くせず，無我の境地にいたろうとするようなまったく逆の世界もあるのです。

2つ目の混乱は，「人生の課題」や「自己実現」を就職（つまり職業）と一致させようという発想です。就職はこれらとは一致する必要はありません。ところが，戦後教育のミスマッチでこれが一致すべきだと思い込んでいるのです。そんな必要はどこにあるのでしょうか。

ある意味で私たちは，仕事はなんであっても一生懸命に生きているだけで，自分の「人生の課題」をとくに自覚しないでもその課題に取り組んでいるのだと思います。というのは自分の「人生の課題」というのは，無理に自覚しないでも潜在的に歩み，取り組み続けているものではないでしょうか。油断していたら忘れてしまうようなものは，「人生の課題」とはいえないでしょう。

追求する道　欧米ヒューマニズムは世界（社会）から独立した自我の確立をめざす。私たちの世間主義は世間のなかに自分を発見し，世間によって自分を創ろうとする。隔離と融和の違いといえるのではないか。

アイデンティティ

近代教育でいわれるインパクトのある言葉に「セルフ アイデンティティ（self identity：自己同一性）」というものがあります。これは西欧的自我観をよく示しています。そこでは自我は完全に独立しており，世界を掌握しているものでなければなりません。ですから理路整然と説明しきれていなければならないのです。矛盾していてはおかしいからです。

ところが自然や社会はカオスであって，理路整然としておりません。ですから，西欧にとっては，これを整備して人間の下に服することが人間の役割なのです。

しかし，私たちにとっては社会や自然は支配の対象でなく，むしろそこに融合して多くを学ぶ世界です。人間の側に完全な論理や法則があるのではなく，自然や社会の側にあるのです。私たちは，その働きに応じて生きていけばよいのです。自ずと社会性についても西欧的なものとはちがったものとなってきます。そうしたちがいに基づいて私たちの生き方を検討しなおさなければならないのです。

そんななかでは自分の職業と自分の人生の課題や目標とは必ずしも一致しなくてもかまわないのです。もちろん近いほどいいでしょうが，まったく具体的ではない人生の課題もありますし，むしろこちらのほうが多いのです。すべてが無矛盾である必要はありません。むしろ自然や社会と調和していることのほうが大切なのです。

7 コミュニケーションの基本を知ろう

Oさんは，サークルのリーダーも務め，ゼミでも活躍し，接客のバイトもしています。自分の**コミュニケーション能力**には自信をもっていました。ところが就活の面接で，面接官に「君はコミュニケーションがわかっていないね」と言われてしまいました。

1 「聴く」「話す」「読む」「書く」が4大要素

　コミュニケーションとは，意思・考え・感情・情報などをほかの人とやり取りすることで，人間関係を確立し発展させていくうえでの重要な機能の1つです。理解とか共感がよいコミュニケーションの大切な要素といわれるのは，そのためです。適切な訳語がないため，そのまま日本語として使われています。共通認識や共通理解を構築するためには，お互いがよい聴き手でなければなりません。そこで，上記の4大要素で皆さんに注意してほしいのは，「聴く」であって「聞く」ではないことです。「聴く」には意志が存在するのです（詳しくは 9 参照）。

　企業が採用時に重視する能力ベスト4は「コミュニケーション能力」「職業人意識」「基礎学力」「社会人としてのマナー」です。コミュニケーションが苦手だということは社会生活で求められる望ましい人間関係（ラポール= rapport）を構築できないことに通じます。コミュニケーション能力は，先天的なもの・性格的なものと思いがちですが，コミュニケーションには技術的な（後天的な）要素が非常に重要です。心がこもっているか，誠意があるかなども，コミュニケーションをとおして相手の信頼を得るための大切な要因です。また，コミュニケーションは言葉だけでなく，動作・表情などを通したコミュニケーション＝非言語表現（非言語チャンネル）の重要性も認識しましょう。

　右の表の数字からも，「聴く」がコミュニケーションの基本で

コミュニケーション能力　能弁・達弁の人を，コミュニケーション能力のある人と勘違いしがちだが，話す能力はコミュニケーションの1要素にすぎない。英語学習でもいわれることだが，話すより聴くほうがずっとむずかしく，技術の習得が求められる。

コミュニケーションの時間的構成比率

聴く	45%
話す	30%
読む	16%
書く	9%

（出典：Smith, V., *Handbook of Communication and Social Interaction Skills*）

あり，他人を正確に理解することが，コミュニケーションの基本動作であり，**聴く技術**が重要であることを認識しましょう。

2 「結論から」を理解する

意思・考え・感情・情報を相手に的確に伝え，共鳴・共感・理解・賛成を得ることが，本当の伝達能力です。自己満足ではなく相手満足をめざすコミュニケーション能力が求められます。話し手は，伝える話に内容があり，それを的確な表現で相手に伝えることが肝要です。自分の意思・考え・感情などを相手に伝える方法としては，伝える態度（物腰）と表現方法で分類すると下表の4つのかたちになります。一番スムーズな表明方法は低圧的直接話法です。これができることが一番望ましいのです。

意思表明方法

圧力的直接的話法	威圧的な言葉で一方的に
低圧的直接的話法	明快な言葉で相手を尊重しながら
圧力的間接的話法	できるだけ言葉を遣わずに威圧的に
低圧的間接的話法	自分を抑制し，相手に正直には伝えない

コミュニケーションにおいては，肯定的・具体的にかつ簡潔に伝えることが求められるのですが，まず結論を述べることの重要性を検証してみましょう。日本では「起承転結」という言葉があるように，結論を最後にし，起承転の過程で聴き手に結論をある程度予測させるような話し方が一般的でした。しかし，テンポが速く大量の情報が錯綜する現代では，意思表明のプロセスで相手に誤解される，または勘違いされる余地を極力なくすことが大原則です。この場合まず**結論を先**に述べ，その後にそのような結論を出すにいたった経緯・理由・背景などを説明したいものです。このやり方は，相手も自分の利益・不利益を計算しやすく，より説得力があるのです。それと同時に話す内容の項目別重要度と話すタイミングを考えることが大切です。話べたな人ほど思いついた順番にすべてを話そうとするものです。

聴く技術 カウンセリングの基本技術でもあるが，話し手とラポールを構築できる姿勢と態度で，関心をもって傾聴（耳で聴いたことを心で受け止める）する技術（受容・反射・要約・質問・提案・さぐり・提案など）が必要とされる。

結論を先 日本の小中高教育では，「いつ／どこで／誰と／何を」が文章表現の基本とされ，起承転結という言葉で表現される。「○○だから△△」という風に最後に結論づけることに慣れ親しんでいる。実社会では，まず結論を伝えることが肝要である。これは就職活動の際のエントリーシートの書き方や面接の受け答えにおいても，重要なポイントである。

相手にどうすれば伝えられるか

　自分の意志や考え，感情，情報を相手に伝えるには，相手が聴いてくれるか読んでくれなくては，伝わらない。こちら側が一生懸命話していても，相手がほかのことを考えていて，うわの空で聞いていたのでは，相手の頭にこちらの話の内容が伝わらないのである。また，最初は聴いてくれているが，こちらの話の内容が面白くなければ，数分後には相手がうわの空になってしまう。文書を届けても，くどくどとした文章や長たらしい文章，誤字脱字だらけでは文章では，相手は最後まで読んでくれない，であろう。

　練りに練った名演説　2009年1月20日，アメリカ第44代大統領に就任したバラク・フセイン・オバマ大統領は，宣誓式のあと就任演説をした。時間は19分。この間，200万人もの聴衆は途中で拍手をなんどかしたが，じっと聴いていた。オバマ大統領の演説をインターネットで取り出して読んでみると，聴衆を飽きさせないように，練りに練ってある。歴史に残る演説だけあって，自分の考え方が世界中の人たちに伝わるよう，よく考えられた演説であった。ぜひ，読んで「これが名演説か」を勉強してほしい。

　ワンフレーズ首相　小泉元首相の支持率が高かったのは，"ワンフレーズ首相"といわれたように，短い言葉で単刀直入に自分の考え方を伝えたからである。短い言葉ほど，聴く相手の頭に残る。「自民党をぶっこわせ」「抵抗勢力をやっつけろ」「民間でできることは民間に」など，この首相の言葉は国民の頭によく響いたのであった。

　方言を使い分ける名セールスマン　セールスマンは，自分が売る商品をどう相手に説明して納得させ，財布を開けさせてお金をいただくかが，仕事である。腕のよいセールスマンほど話術に長けている。全国を回る優秀なセールスマンは，各地の方言まで習得している。青森に行けば青森弁，秋田に行けば秋田弁，大阪に行けば大阪弁，福岡に行けば博多弁，鹿児島に行けば鹿児島弁というように使い分け，あっという間に商品を売ってしまう。自分の意志を伝えるには，自らの勉強が必要である。

　恋人を口説くのは手紙　相手をほんとうに屈服させるのは，言葉より文章だ。恋人を口説く言葉より手紙が効果がある。手紙は，何度も読むことができ保存できる。言葉はその場限り。相手が録音してくれれば別だが，普通はその場で言葉は消えてしまう。文章は残るのである。したがって文章を書くときには，真剣勝負の気持ちになって書かねばならない。誤字や脱字があると，「この人はそんなに教養がないのか」と見下されてしまう。

　もっとも効果的なのは毛筆　手紙でも，何で書くかによって違ってくる。ワープロによる印字，少なくとも，署名くらいは自筆で書かねばならない。ビジネスの文書なら，パソコンで打って印字したほうが読みやすい。が，目上の人への手紙を印字したのでは失礼にあたる。お礼やお願いの手紙は，ボールペンより万年筆で書くべきだ。もっとも効果的で相手の心をとらえるのは，墨をすって和紙に毛筆でしたためた手紙である。巻紙に書けばさらに効果がある。新聞記者時代，各社の社長や役員に手紙を書くときは，必ず毛筆で書いた。一通の手紙で相手は，こちらの名前を覚えてくれ，あとで必ず手紙の礼を言われた。効果は抜群だった。

（志村嘉一郎／帝京大学短期大学・元朝日新聞記者）

8 グループワークⅡ 自分から伝える

皆さんは自分の意見が伝わっていなかったという経験をしたことがありませんか。自分では伝えたつもりが相手に伝わっていなかったということはとても残念です。

ときとして，聞き手のせいにしたりしますが，自分の伝え方を見直してみることが大切だといえます。

1 自分の意見をわかりやすく伝える

よく「チームワークを発揮して…」と求められる場面があります。自分の意見をわかりやすく整理したうえで，相手に理解してもらうように的確に伝える力を発信力といいます。そしてチームワークを発揮するうえで，まずあげられるのが，この発信力なのです。

仲間同士やチームである情報を発信する場合，多くは報告・連絡・相談（ホウレンソウ）というかたちをとります。そこで大事なのは，「推測」と「事実」をきちんとわけて伝えることです。

もう1つ大事なのは，相手にわかるように伝えるということです。そのためには明確でシンプルな表現が求められます。伝え方として最初に結論を述べて，それからその理由を説明したほうが相手にとって聞きやすいといえます。また，都合のよい情報だけでなく，都合の悪い情報も発信しないと，だんだん信頼されなくなる恐れがあります。

発信する側の心得として，資料を準備するなど聞き手への気配りも大切な要素となります。

では，どうしたら発信力を高められるでしょうか。日ごろの心がけを3点あげておきます。

推測 ある事柄をもとにして他の事柄の見当をつけること。

① 聞き手への意識をもつ
② ポイントを整理する習慣をつける
③ 情報収集に力を入れる

相手にわかるようにと心がけ，自分の言葉で伝えれば，説得力が加わり**熱意を伝える**ことができます。

熱意を伝える コミュニケーションには，言葉によるもののほかに動作・表情などの非言語（ノンバーバル）表現も重要である。声質や身振りに変化をつけたり，視線を聞き手に向けるなどの工夫もするとよい。

2　エクササイズ　「考えを聴いて！」

最近の出来事で，あなたが問題意識・関心をもっているテーマとその内容への考えを書き出してみましょう。

● 進め方 ●

〔まず，1人で〕
① ワークシートを使って，テーマとその内容を書き出します。

〔4人1組になって〕
② 最初の人は自分が書いたものを3分間スピーチします。
　　ほかのメンバーは発表者が言いたいポイントをつかみ，余白にメモを取ります。
　　1人の発表が終わったら，何が伝わってきたかをメンバーで話し合います。発表者はそれを聞いて自分が一番伝えたいことが伝わったかを確認します。順次メンバーが発表・話し合いをします。
③ その場で各自がふりかえって，グループ内から出された自分のスピーチへの感想と自分が今後注意すべきと感じた点を書き出します。

ワークシート　　　　　　　　　　　　　　　　　　　　　　（発信力）

考えを聴いて！

最近の出来事（社会のことでも自分のことでもよい）であなたが最も問題・関心をもっているテーマについて3分間スピーチをする。

テーマ：

内容

●グループ内の感想と，今後注意すべきと感じた点

© 株式会社ヒューマンリソース『社会人基礎力養成演習テキスト』

9 「きく」をきわめよう

大学生のTさんは最近悩んでいます。高校生のころの授業は，先生の言うことをそのまま全部「きいた」とおりに書けば済んだのに，大学生になるとそれができなくなってしまったのです。1つには時間が高校の授業の1.5倍になったこと，もう1つには授業内容が格段にむずかしくなったことです。先生の言葉をそのまま書いているうちに，何がなんだかわからなくなってしまいました。あとで読み返しても，何を書いたか理解できないのです。つまり，授業に集中できなくなってしまいました。さあ，どうしましょう。

1 「聞く」「聴く」「訊く」──大事なのは相手の気持ちに注目

Tさんの悩みは，先生の話を「きいて」いるはずなのに理解できず，ノートに「書いて」いるのに書いたことがわからないという問題です。この悩みを一言でいうと「**五感**」を使った「コミュニケーション力不足」といえましょう。あえて「きいて」としましたが，この「きく」という言葉は下記のとおり，少なくとも3つの意味があるのです。

① 「訊く」…人に尋ねる意味で使われる。この場合は必ず，問いかけるという「発話」という動作を伴う。

② 「聞く」…英語でいう「Hearing」のことで，自然と耳に入ってくる音声が聴覚を刺激して「聞こえる」状態で，後述する「聴く」のように「耳を澄ます」，あるいは「耳を欹てる」状態にはいたらない。どちらかといえば「聞き流す」状態。

③ 「聴く」…英語でいう「Listening」のことで，耳を傾ける，聞き耳を立てる，理解しようと思って「聴く」のように使われる。

このように，「きく」は少なくとも3つの意味を内蔵している言葉ですが，社会人のコミュニケーションの基礎的能力として強調

五感 目・耳・舌・鼻・皮膚をとおして生じる5つの感覚。視覚・聴覚・味覚・嗅覚（きゅうかく）・触覚。また，人間の感覚の総称としてもいう。コミュニケーションの基礎である「きく」「話す」は「聴覚」を使い，「読む」「書く」は「視覚」を使うといえるが，視聴覚障害者であったヘレンケラー女史の場合は「嗅覚」「触覚」「味覚」が「聴覚」「視覚」の障害を補完した20世紀の奇跡といわれている。

するのは,「訊く」および「聴く」であるといえます。この2つの能力を磨けば, Tさんの悩みは解決するでしょう。

(1)「訊く」姿勢

人間が「訊く」という行為をする原因は, 対象となる事柄がわからないとき, もっと知りたいときなど, それらの疑問を解決しようと欲するときに起こす一種の行動です。「訊く」相手に対し, まず心がけなければいけないことは, 自分の知らないことを教えてくれ, 自分の疑問に答えてくれる「訊かれる相手」に対し, 尊敬の念をもって接する必要があるということです。そのためには, 丁寧に, 尊敬を込めて, 謙譲の気持ちをもって「訊く」ことによって,「訊かれた相手」は,「訊き手」の「問いかけ」に対し, 気持ちよく, 進んで, よりわかりやすい, 理解しえる回答をしてくれるか, 少なくともその努力をしてくれるはずです。

> 「訊く」ときには, 相手の状況をよくみてから行動すること。相手が忙しくしているときに声をかけたり, 何度もくり返したりせず, 相手が聴きやすいタイミングを見はからうことが重要である。

(2)「聴く」姿勢

人間の「聴く」という行為は, 対象となる事柄を理解しようという意志をもって行う「行為」です。そのためには, その対象である「人」や「物」の発する「音声」を弁別・認識しようと意図するわけですから, 注意深く, 耳を傾けて, 聴き入る姿勢が必要となります。相手が「話し手」という「人」である場合には, その「人」の話を理解しようとする積極的な姿勢を「話し手」に伝えるための「努力」が必要です。そのような姿勢を感じた「話し手」は,「聴き手」が十分理解, 納得, 賛同し, そしてそのような話を聴くことができたことに対する感謝の念をもってもらえるように努力して話すわけです。

> 「聴く」ときには, 正しい姿勢で相手の顔を見ながら, 相づちしたり, うなずいたりするなどの「努力」が必要である。そういった態度は以心伝心で自ずと相手に伝わるものである。

このように「話し手」「聴き手」および「訊き手」の間のスムーズな意思の疎通とお互いの理解, 満足, 感謝の念を共有することができれば, その「対話」は成功です。そして, お互いにとって実りある収穫となって「対話」の両者に戻ってくることでしょう。

このように「きく」姿勢はTさんのように, 大学の講義だけでなく, 会議, 講演, セミナー, 対話, プレゼンなど, これから社会へ出ていく皆さんにとって最初にマスターしなければならない「コミュニケーション力」であるといえましょう。

> 「Hearing」と「Listening」
>
> 　日本では，どういうわけか「外国語（英語）」を学ぶ手段として「Dictation（書く）」「Reading（読む）」「Conversation（話す）」とともに，「きく」という日本語の英訳として「Hearing」を使用してしまいました。そのため，本来は耳を傾けて聴かなければならない「Listening」のかわりに，単に「聞こえてくる」だけの「Hearing」という英語が英会話などの語学の授業で通用していましたが，最近では「Listening」を使用するところが増えてきています。いっぽう，学習方法で「Hearing」を聞き流すという意味で意識的に使用している学校もあり，現在ではどちらも正解といえるでしょう。

2　メモをとる習慣をつける

　つぎに，Tさんはノートがうまくとれないで悩んでいましたね。
　「聴き手」にとって「話し手」の話の内容を正しく理解，記憶することが必要です。話の内容を整理し，話の論点を理解し，記憶し，必要なら記録するというのが基本です。論旨があとから理解できるよう，話を聴きながら，メモをとる習慣をつけることが大切です。メモを取るコツは，集約すれば次の3つになります。

　①「拙速は巧遅に勝る」ということ
　②とにかく慣れること
　③短時間でメモを取ること

　そのためには，自分にあった流儀を見つけることです。

(1) キーワードを聞き逃さない

　話のなかには必ず「キーワード」があります。話の内容や流れを明らかにする語や言葉を聞き逃さず，まちがいなくメモを取るのです。Tさんが悩んだように，長い間集中力を持続させ，聴き取った言葉を書き続けるには限界がありますから，キーワードを的確にメモしておけば，それを見直すことによって話の展開や，「話し手」の主張が明らかになります。必要なら，それを基にして文章にすることも，むずかしくはないでしょう。先生はあのとき「こういった」というようなことが，キーワードを見直すことによってあざやかに甦ってくることも，いってみればこの「聴力」と「視力」が脳を呼び覚ますのです。たとえば，次のような話を「聴いた」ときのキーワードを考えてみましょう。

> **拙速は巧遅に勝る**　たとえ多少劣ったものでも速くすることのほうが，出来がよくても遅くなることよりよいという故事。

1712年にイギリスの発明家，ニューコメンによって蒸気機関を用いた排水用ポンプが実用化されましたが，第一次産業革命の最大の貢献者は1785年に蒸気機関を改良したスコットランド生まれのジェームズ・ワットです。

キーワードは，「(第一次) 産業革命」「1785 (年)」「蒸気機関の改良」「(スコットランド生まれの) ジェームズ・ワット」となり，前半のニューコメンのことは省略することが可能です。なぜなら，この話のポイントは第一次産業革命の最大の貢献者は誰かということが「話し手」の一番の主張だからです。また，カッコ内の語句はなくても十分意味がわかる場合，あるいは，すでに周知のことであれば，時間を節約するための省略は可能です。

(2) 数字に留意する

上記の「1785」という数字は，産業革命の時代を位置づけるために必要な数字です。このような年代，重量，面積，人数，金額などキーワードとなる数字は正確にメモしておきましょう。

(3) 日付を必ず入れる

日付は数字の一種ですが，あとで記憶を思い起こすには非常に重要で年月日を必ずメモしておく癖をつけましょう。できれば時間を書き入れるのもいいでしょう。

このように数字は正確にメモすることが肝心ですが，万が一「聴き」もらした場合は，可能ならあとで「話し手」に「訊けば」よいのです。「訊かれた」話し手は質問してくれるくらい自分の話しを真剣に，熱心に「聴いて」くれたのだと思い，喜んで教えてくれるでしょう。

「話し手」にとっては自分の話をいかに熱心に聴いてくれているかが重要で，「きき手」の反応を見ながら話すわけですから，「話し手」がうれしくなって，気合を入れ，得意になって話してくれれば，「きき手」にとってもそれは有意義な質問になるわけです。そのためには，「きき手」のちょっとした「相づち」の動作やいわゆる「アイ・コンタクト」は「話し手」のモチベーションを高め，結果的には両者が満足できる「話し」となり，お互いにプラスの気持ちがあとに残ることになります。

📖 **参考図書**

『上司は「メモ」で仕事をすすめなさい』(高井伸夫，大和出版)

『聞き方ひとつで人は育ち・人は動く』(石川和夫・伊藤敦子，こう書房)

『言語百科事典』(ディヴィッド・クリスタル，風間喜代三・長谷川欣佑監修，大修館書店)

10 「話す」をきわめよう

　大学3年生のEさんは今年の夏が不安でたまりません。インターンシップの授業で，大手商社のエネルギー部に2週間研修で行くことが決まったのです。初めての対人応対や電話応対，最近は卓上電話の代わりに携帯電話が使われている会社もあるとか。さあ，どうしたらきちんとした応対ができるようになるのでしょうか。

1　対人応対と電話・携帯の基本

　Eさんが一番恐れているのは，応対相手からのプラス評価を期待しているのに，マイナス評価をされるのではないかということでしょう。つまりEさん自身の自負心のレベルが評価のレベルより高いときに起こるのです。解決方法はプライドのレベルを下げるか，評価のレベルを上げてもらう努力をすることですが，自負心のレベルを下げるという人はいませんよね。
　ここでは応対の基礎となる「話す」が次の重要課題となります。⑨の「きく」と一対となるのが「話す」で，一番重要なことは話し手の意思や感情が相手の「きき手」に正確に伝わることです。そのためには「話す」という積極性と強い意思力が要求されます。

(1) 対人応対

　応対の基本は，挨拶で始まり挨拶で終わります。挨拶には「言葉」によるものと「動作」によるものがあり，通常は**挨拶の言葉**から始まって，次に**挨拶の動作**が続きます。ここで大切なことは，相手の目を見て目線を合わせることと笑顔で挨拶を始めることです。それによって，相手に好感をもっていること，敬意を払っていること，そして謙虚な自分を相手に示すことができます。これは終わりの挨拶でも同じことがいえます。
　挨拶のあとで「対話」が始まります。挨拶と同様，尊敬，丁寧，

挨拶の言葉　おはようございます，はじめまして，ありがとう，さようなら，ごきげんよう，など場面に応じた適切で短い言葉が始めと終わりにある。共通しているのは相手に対する尊敬，丁寧，謙譲の気持ちで「話す」こと。

挨拶の動作　日本をはじめ，東アジアでは「お辞儀」の角度によって会釈→敬礼→最敬礼と段階がある。欧米では「お辞儀」も存在するが，「握手」「抱擁」「接吻」が一般的であり，回数や強弱で同様に尊敬，丁寧，謙譲の度合いが異なる。イスラムやユダヤのように神以外に対してはお辞儀をしないというところもある。

謙譲の気持ちをお互いがもち合うことが大切です。そのためには適切な「敬語」を使用する必要があります。

①**敬語の定義**　敬語については，2007（平成19）年2月の「敬語の指針（答申案）」で，下記のとおり定義されています。

a. 尊敬語（「いらっしゃる・おっしゃる」型）

相手側または第三者の行為・ものごと・状態などについて，その人物を立てて述べるもの。

行為等（動詞および動作性の名詞）	いらっしゃる，おっしゃる，なさる，召し上がる，お使いになる，御利用になる，読まれる，始められる，お導き，御出席，（立てるべき人物からの）御説明
ものごと等（名詞）	お名前，御住所，（立てるべき人物からの）お手紙
状態等（形容詞など）	お忙しい，御立派

b. 謙譲語Ⅰ（「伺う・申し上げる」型）

自分側から相手側または第三者に向かう行為・ものごとなどについて，その向かう先の人物を立てて述べるもの。

伺う，申し上げる，お目に掛かる，差し上げる，お届けする，御案内する（立てるべき人物への）お手紙，御説明

c. 謙譲語Ⅱ〈丁重語〉（「参る・申す」型）

自分側の行為・ものごとなどを，話や文章の相手に対して丁重に述べるもの。

参る，申す，いたす，おる 拙著，小社

d. 丁寧語（「です・ます」型）

話や文章の相手に対して丁寧に述べるもの。

です，ます

e. 美化語（「お酒・お料理」型）

ものごとを，美化して述べるもの。

お酒，お料理

敬語　2007年2月，文化審議会作成の「敬語に関する具体的な指針」についての答申がなされた。それによると，従来の3分類である尊敬語，謙譲語，丁寧語のうち謙譲語が謙譲語Ⅰと謙譲語Ⅱ（丁重語）に分割され，丁寧語が丁寧語と美化語に分割され，5分類となった。

②**ビジネス的表現**　上記5分類のほか，意味は同じでも，敬意のこもったビジネス的表現として，下記のような言い回しがあります（大嶋利佳編著『電話のマナー　実例＆フレーズ辞典』秀和システムより引用）。

> 今日→本日，あした→明日（みょうにち），あさって→みょうごにち，さっき→さきほど，あとで→のちほど，あっち・こっち・そっち・どっち→あちら・こちら・そちら・どちら。どうやって→どのようにして，どう→いかが

また，人やものの呼び方も尊敬と謙譲の表現で異なります。

> 父・父親（謙譲）→お父様（尊敬），母・母親→お母様，夫・主人→ご主人・ご主人様，妻・家内→奥様，息子→ご子息，娘→お嬢様，家内一同・家の者→ご一家・ご家族・ご一同様

「人」「会社」で謙譲と尊敬の表現を使い分けます。

> 弊社（謙譲）→御社，貴社（尊敬），者→方，どの者→どなた，どちら様・わたくし→あなた様・○○様，わたくしども→皆様・皆様方

敬語の正しい使い方を知れば，Eさんの対人応対は問題ありません。

(2) 電話・携帯の応対

アメリカの心理学者アルバート・メラビアンによると，人と接したとき相手に対してどんな印象をもつかは，「見た目（視覚情報）」「耳から得る要素（聴覚情報）」「相手の発言，言葉遣い（言語情報）」の3つの要素からなります。それの影響度合いは聴覚情報38％，視覚情報55％，言語情報7％。したがって視覚情報がなければ聴覚情報が9割になることも考えられるといっています。

対人応対は「聴覚」「視覚」を利用した「言葉」「動作」を伴って行うものですが，携帯を含む電話応対は，テレビ電話を別にすれば「聴覚」だけが頼りの「対話」になります。したがって，電話応対では「視覚」が利用できない分を「聴覚」でカバーする必要があります。そのためにも，対人応対以上に，「敬語」を正しく使うことが大切です。

2 相手が一段落してから，こちらが話す

　相手が話している最中に，断りもなく自分の話を始めるのはマナー違反です。では，断れば相手を制して話をしてもよいのかというと，これも失礼です。相手の話が一段落するまで待つのが礼儀です。

　「対話」は一種のキャッチボールですから，ボールを握った投手である「話し手」は，捕手である「きき手」にとって，取りやすいボールを投げるのが対話をスムーズに続けるための心遣いであり，気配りですから，そのために必要なことは「きき手」の捕球準備ができた段階で，捕球しやすいコース（上下，左右の球筋）へ適度なスピードの直球を（変化球は取りにくいので応用編で）タイミングよく投げる必要があります。正しい捕球姿勢で捕球が完了した段階で，今度は「きき手」と「話し手」の役割が交代し，次の動作が始まるということを常に心にとどめておきましょう。このコツをつかめば，応用編として変化球を投げたり，投げるタイミングをわざとはずしたりという高度なテクニックも可能になることでしょう。

参考図書

『営業電話の応答が3時間でマスターできる』（浦野啓子，明日香出版社）

『サバイバル・コミュニケーション術』（前川タカオ，すばる舎）

『きっとわかりあえる！こころが通じる話し方』（すがのたいぞう，講談社）

memo

11 「読む」をきわめよう

Iさんは大学文学部の1年生です。入学式のクラブ活動のオリエンテーションで、高校の先輩に勧誘されて、新聞部に入る約束をしてしまいました。これまでは新聞の芸能・スポーツ欄と三面記事くらいしか興味がありませんでしたが、新聞部へ入ることになると政治・経済なども勉強する必要を感じ、部活でやっていけるか心配になりました。さあ、どうしましょう。

1 トピックス・時事問題を知る

そのときどきの世の中の動きのなかで、ニュース性のある話題や話の種となるトピックスの問題点を掘り下げ、時事問題としてラジオ・テレビ・新聞など各種マスメディアが取り上げています。一般的には政治・経済・国際・社会の分野で起こった諸問題をさします。時事問題の基本は、いわゆる5W1Hの6要素をもれなく把握して、ニュースを正確にとらえることです。

Iさんは新聞部に入部するのですから、まず次頁の10年間に起こったトピックスの5W1Hを把握することから始めましょう。

トピックスは実際に起こった社会現象ですから、客観的に「Why」以外の要素を書き出すことはそう難しくはありません。問題の「Why」ですが、これも速報時には報道されていなかったとしても、いずれ報道コメントとして判明し、発表され、Iさんにも理解できるでしょう。でも、待ってください。一番大切なことは、この問題のどういうところが「問題」で、自分としてはこの問題をどういう「角度」でとらえ、どう「考え」、そしてできれば、どう「行動」したいと思うところまで「問題意識」をもつ「思考力」を磨いていくことです。

5W1H　When, Who, Where, What, Why（いつ、誰が、どこで、何を、なぜ）の5つの頭文字Wと、How（どのように）の1つの頭文字Hの6要素がニュースを正確に伝える基本であるとされている。

読者が選んだ日本・海外の10大ニュース

年度	順位	日本編	海外編
2007	1	安倍首相退陣後継に福田氏	ミャンマーで反政府デモ　日本人映像記者死亡
	2	食品偽装相次ぐ　不二家・赤福……	NY原油最高値　99.29ドル
	3	年金記録漏れ5千万件	中国産品から有毒物質
2006	1	紀子さまが男子ご出産	北朝鮮が核実験を実施
	2	トリノ五輪，フィギア荒川選手が「金」	ジャワ島地震で死者約6000人
	3	WBC，王ジャパンが初代王者	北朝鮮がミサイル発射
2005	1	JR福知山線で脱線，107人死亡	米南部に大型ハリケーン襲来
	2	愛知万博開催	ローマ法王ヨハネ・パウロ2世が死去
	3	紀宮さま，ご結婚	ロンドンで同時爆破テロ
2004	1	新潟中越地震	アテネで108年ぶりに五輪開催
	2	アテネ五輪メダルラッシュ	米大統領にブッシュ氏再選
	3	プロ野球界大揺れ，50年ぶり新球団	露・北オセチアで学校占拠事件
2003	1	阪神，18年ぶりリーグ優勝	米英軍がイラク攻撃，フセイン政権は崩壊
	2	衆院選で与党が絶対安定多数を獲得，2大政党化進む	新型肺炎（SARS）が各国で猛威
	3	中学生が4歳男児を殺害するなど少年関連事件続発	スペースシャトル空中分解
2002	1	ノーベル物理学賞に小柴昌俊さん，化学賞には田中耕一さん	モスクワで劇場占拠事件
	2	史上初の日朝首脳会談，金総書記「拉致」認め，被害者5人帰国	バリ島で爆弾テロ
	3	サッカーW杯，初の日韓共催で日本ベスト16	対イラクで安保理決議，米は攻撃準備進める
2001	1	雅子さま，女児をご出産	米国で同時テロ
	2	「えひめ丸」が米原潜に衝突され沈没	ブッシュ大統領が就任
	3	小泉内閣が発足	米で炭そ菌の被害広がる
2000	1	シドニー五輪で女性大活躍	米大統領選，大接戦で混乱
	2	三宅島噴火で全島民が避難	露原潜沈没，乗員118人死亡
	3	17歳の凶悪犯罪が続発	朝鮮半島で初の南北首脳会談
1999	1	国内初の臨界事故	トルコで大地震
	2	神奈川県警などで警察官の不祥事相次ぐ	台湾で大地震
	3	脳死移植，初の実施	NATO軍，ユーゴ空爆
1998	1	カレーにヒ素混入，4人死亡	米大リーグ本塁打記録37年ぶり更新
	2	長野五輪開催，日本「金」5個	インド，パキスタンが核実験
	3	サッカーW杯に日本初出場	米大統領の不倫もみ消し疑惑で報告書

（出所：読売新聞より抜粋）

2　まずは新聞に目をとおす

　時事問題を考えるのには，あとに残り，あとからチェックでき，世界中のニュースがわかる一般新聞を，できれば日に2回，朝刊，夕刊に目をとおすのが理想的です。日本の大手の一般新聞は「5大新聞」といって，世界一の発行部数の読売新聞はじめ，それぞれの特徴をもっていますが，産経新聞だけは夕刊が廃止され，現在，朝刊だけが発行されています。

　新聞記事の内容は，5W1Hの基本を守って報道しているはずですが，実際は，各社によって見方が同じとは限りません。ほかの新聞社の見方を比較して最低2紙を読み比べてみましょう。

　ここで，朝日新聞と日本経済新聞を参考にして紙面を見てみることにしましょう。

①通常，第一面にはジャンルごとのトピックスの一覧とその日のトップ記事がありますので見出しだけは必ず目をとおしましょう。

②次は各新聞社の主幹，編集長，論説委員などがその新聞社を代表する記事として書く「社説」があります（朝日は三面，日経は二面）。その新聞社の主義主張が特徴的に書かれています。

　次に，一般紙2紙（朝日，日経）の2008年8月26日（火）の一面に書かれているトピックスを見てみましょう。

③朝日朝刊は，独自のジャンル別（a. 事件～k. 経済）にトピッ

> 5大新聞　読売（1000万部超），朝日（公称800万部），毎日（393万部），産経（公称219万部）日本経済（産業・経済中心）の5紙を日本の5大新聞という。

a.	事件「会社ぐるみの汚職」と認定（ベトナムODAの高官賄賂）
b.	国際 ウイグル族の街 破壊の動き（中国再開発で取り壊し）
c.	環境 太陽光発電の補助 復活へ（家庭用補助金導入量世界一）
d.	政治「公明やりすぎ」自民不信感（政治圧力連携にひび？）
e.	政策 記載なし
f.	社会 遅すぎた「新幹線高級シート」（全日空新型シートの広告）
g.	医療 娘の手術 真実求め闘った父（連載「患者を生きる」）
h.	文化 30年 サザンは何を残したか（デビュー30周年活動休止）
i.	労働 景気悪化 雇用にも波及（派遣・中小企業にしわよせ）
j.	アジア きずな深め 伸びゆくラオス（タイとの国境の橋）
k.	経済 日本のゲーム，海外に浸透（国境・世代を超えるWii・プレステ3）

（a.～h.のカッコ内は筆者の補足）

クスの見出しとそれに続く「リード」と呼ばれる簡単な内容が続きます。

④日経朝刊のトピックスは,「きょうの紙面」のタイトルで,見出しと各ジャンル名が表示されています。

> a. 経済対策, 首相と与党なお綱引き　総合
> b. 中韓貿易額倍増　2年前倒し　総合
> c. 概算要求, 国債費 2.2 兆円増　経済 1
> d. REIT 連動の上場投信　経済 2
> e. 全日空, 広告で排除命令　社会,
> そのほか, 日経朝刊で特筆すべき点として
> f. 春秋-世相評論（一面下段のものは社説と並び一見の価値がある）
> g. 社会　文化（最後の頁にある私の履歴書—各界の著名人の足跡, 交友抄—各界著名人の交友録）
> h. ニュースマスター（月曜のみ MONDAY NIKKEI）欄
> 　　（下記のとおり週 1 週間のニュースのランキングがある）
> 　　〔ニュースにみる 1 週間〕1 位　首都高速でタンクローリーが横転炎上, 2 位　ギョーザ, 中国でも中毒　現地混入強まる, 3 位　NY 原油が大幅下落, 週末終値は 115 ドル台, 4 位　中国・新疆ウイグル自治区で警備隊襲撃, 16 人死亡, 5 位　携帯販売に急ブレーキ　大手 3 社 4-6 月期, 軒並み 2 割減, 6 位　日航, 21 路線廃止・減便　全日空は 11 路線, 7 位　オリックス・クレディセゾンが統合交渉, 資産 11.5 兆円, 8 位　東京・神奈川で震度 4, 9 位　「ハイブリッド車を 100 万台に」オバマ氏がエネルギー政策を発表, 10 位　メリルとシティー, 金融商品 1 兆 8000 億円買い戻し　虚偽説明の疑い（2008 年 8 月 11 日）
> i. 市場アウトルック欄（日曜のみ, 先週の動きが"政治・外交""経済・金融""企業""社会・文化"別に記載）があり, 特集記事, 解説記事も豊富で金融関係の経済は見逃せません。

3　メディア・リテラシーをみがこう

　新聞をはじめとする情報媒体（メディア, Media）には, 情報伝達（Communication）と記録・保管という 2 面性があります。新聞報道は, 伝達速度からいうと半日遅れで送り手から受け手に伝えられますが, 速度を重視すると日刊紙では, TV・ラジオ・インターネットなどに遅れること約半日ということになります。週刊誌・月刊誌・季刊誌といった雑誌や書籍, CD などになると, さらに何日間, 何週間, 何カ月間という遅れが出てきますが, 記録・

リード　新聞の記事の構成で使われる用語で, 見出しの次に記事の要旨をまとめた数行の文章のこと。記事の本文よりも前に, 見出しよりも小さな字で書かれる。

📖 参考図書
『日経・経済記事の読み方』（日本経済新聞社編著, 日本経済新聞社）

『朝日キーワード』（福田和郎編, 朝日新聞社）

メディア (Media)
情報伝達の際の新聞（紙）, 雑誌（紙）, ラジオ・テレビ（電波）などの伝達手段をメディア（媒体）と呼ぶが, インターネット, 電子掲示板など情報通信網を使用したものも

保管面では質・量ともに優っているといえます。用途に応じて使いわける必要がありますが，皆さんが注意しなければならないことは，それら情報媒体を取捨選択して，しかもそれらの情報の信憑性を正しく判断する読解力を身につけなければいけないということです。

　本来，新聞などの情報媒体は不特定多数（Mass）に対し情報伝達（Communication）をするという公共性の面から考えると，公平性，中立性，信頼性，正確性，客観性がより多く要求されます。しかし，実際は情報の中身が主観的であったり，偏っていたり，事実とは異なるケースが多いのが現実です。そこで情報の受け手として，みなさんは情報を正しく評価・識別する能力（メディア・リテラシー，Media Literacy）をもつことが必要となります。それら能力とは，偏った情報かどうかを判断し，情報の背景にあるものを読み取ることにより，情報発信者の目的や意図がなんであるかを理解し，情報が表現者の主観による編集の仕方次第で取り組み方も見方も違ってくることや，意図的な情報操作が行われているかもしれないことを見抜く能力を養わなければなりません。また，伝えるメディアによるちがいでその情報処理能力，情報発信能力，情報の伝え方，表現の仕方，情報容量や時間制限などによる情報の改変，嘘，誇張，誘導がありうることも心してメディア・リテラシーの能力をみがきましょう。

含まれる。最近は，情報伝達の送り手である新聞社，雑誌社，ラジオ局，テレビ局などの企業そのものをさすことが多い。広い意味では映画，音楽，広告，出版，CDなどの媒体も含まれる。

マスメディア（Mass Media）　不特定多数の受け手に対し情報伝達を行う新聞，雑誌，ラジオ，テレビなどの送り手をさす。

マスコミ（Mass Communication）　本来，情報の送り手から受け手に対する情報伝達の手段として使用されていたが，最近は情報の送り手であるマスメディアの同意語として使われる場合が多い。

📖 **参考図書**
『オトナのメディア・リテラシー』（渡辺真由子，リベルタ出版）

memo

12　「書く」をきわめよう

　Kさんは大学経済学部の3年生です。そろそろ本格的に就職活動をしなければなりません。就職したいと思う業種，職種は絞られてきましたが，受験しようと思う会社をいまだに絞りきれていません。さらに絞っていくためには，会社情報の収集が必要になってきました。これまで，アルバイト先の会社に履歴書を提出した経験はありますが，市販の履歴書を買って，適当に書いて提出しただけで，履歴書のつくり方についてあまり深く考えたことはありませんでした。希望する会社に試験を受けて入社するためには，最良の方法を選択し，就職競争に勝ち抜かなければなりません。さあ，どうしたらよいのでしょうか。

1　エントリーシート・履歴書・ビジネス文書のポイント

　ここでは，就職希望先会社への応募の登録を行うための「エントリーシート」と「履歴書」，そして入社後に必要な「ビジネス文書」を書くためのポイントをまとめてみましょう。

　共通項目は，マナーとルールを守り，黒インクの万年筆またはボールペン（万年筆のブルーブラックインクは可）で自書することです。略字や同上と略して書くことはせず，誤字・脱字のないよう楷書で丁寧に書きましょう。また，記述項目を書くスペースはできる限り7〜8割はうめるようにしましょう。

(1) エントリーシート

　応募の登録ということで比較的早い段階で会社のフォームでの提出を求められます。記入事項も多岐にわたり，スペースもかなりのものを書くよう要求されます。多い質問は，a.志望理由，b.職業選択の基準，c.職業観，d.就きたい仕事，e.自己PR，f.人生観，g.自分の性格，h.関心のある事柄，i.学生時代の成果などです。

> **書くためのポイント**
> これまでも作文や論文の書き方を学んできたであろうが，ここではキャリアデザインを考えるうえで必須となる「書く」ためのポイントに焦点をあわせて解説する。

ポイントとしては，文字数が200〜800字と多く要求され，文章力，字体も評価の対象になります。面接時の質問事項で参照されることが多いため，最近は履歴書以上に重要視されています。

(2) 履歴書の書き方

履歴書は，応募書類のなかで最も古くからスタンダードで基本的な正式書類とされています。就職の合否がかかっている重要書類であるという認識をもって最良のものを提出しましょう。

中小企業は別として，応募先の会社のフォームでの記入が要求される場合がほとんどです。

履歴書を書くときのポイント

日　　付	指定されていなければ元号を使う（西暦と元号の混在はさける）
氏名欄	欄内にバランスよく。苗字と名前の間に若干スペースを空ける。ふりがな欄は平仮名で，フリガナとあれば片仮名で書く（平仮名混じりの名前にもルビをふる）。印鑑，性別も忘れずに記す
本籍地	戸籍謄本上の本籍地を漢字で書く
現住所	都道府県から番地，マンション・アパート名，部屋番号まで正確に。○−□−△より○丁目□番△号のほうがよい。ふりがなは氏名欄と同様，番地以外にルビをふる
電話番号	市外局番から，数字は読みやすい字で書く
連絡先	実家ではなく，現在の居住地を記入する
学　　歴	指定がなければ中学校卒業年次からでよい。高校からは入学年次も必ず記入（浪人期間は書かない）。学校名，学部・学科名は略さず正式名称を書くこと，在学中の場合は卒業予定年次と「○○大学○○学部○○学科卒業見込み」と記入する
職　　歴	アルバイトは職歴には含まれないので，「なし」と記入する。職歴があれば退社理由を「一身上の都合」ではなく具体的に書く
特　　技	自分が自信をもって披露することのできるものを書く
資　　格	資格は国家資格，公的資格，民間資格の3種類で，とくに会社の業務に直結するものは有利となる。略さずに正式の資格名称を記入する

（参考：『こう書く！エントリーシート履歴書』成美堂出版）

(3) ビジネス文書の書き方

会社に就職するとビジネス文書を書かなければなりません。わかりやすく正確に意思を伝え，礼儀にかなった書き方をするには決まった形式があります。⑩の「話す」で学んだ敬語の使い方のほか，最低限の決まりを守って，簡潔明瞭に書くことが，作成のポイントです。日常的な文書は横書きで，儀礼的な文書は縦書きで書きます。

本文は一般的に，前文（頭語〜挨拶）＋主文（用件）＋末文（結びの言葉〜結語）で構成します。

ビジネス文書の8つの基本形

❶文書番号	発信者側の整理や分類に必要なもので，社内の決まりに従う。通常は部課名を表す記号とアラビア数字の組合せで，東外入第365号のように書く
❷発信年月日	西暦，元号いずれかで社内の決まりに従う
❸発信者名	文書の責任者名で，社内の決まりに従うが，受信者とのつりあいの取れた役職者にする
❹受信者名	会社名→役職名→個人名→敬称（様，殿，御中，ご一同様，各位など）
❺件　名	「○○の件」と簡単にする場合と，具体的な内容まで書く場合もある
❻本　文	前文＋主文＋末文で構成する
❼記書き・副文	重要な用件を主文のなかに入れずに，文末や別紙にわかりやすく箇条書きに「記書き」する場合や追伸，付記，添付資料などとして末文のあとにする場合がある。「記書き」は結語のあとの中央位置から始まり，記書き，追伸，付記の添付資料のあとには末尾に「以上」で締める
❽直接の担当者	文書の照会があとで必要となる場合に添える

（日常的な文書）

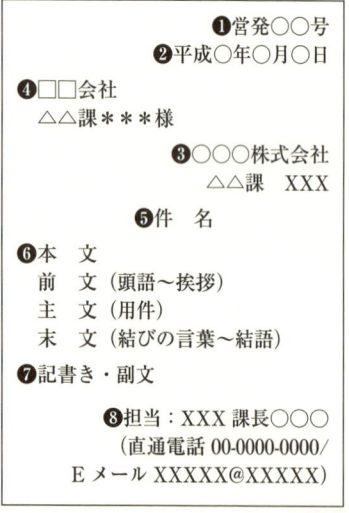

　❶営発○○号
　❷平成○年○月○日
❹□□会社
　△△課＊＊＊様
　　　　❸○○○株式会社
　　　　　　△△課　XXX
　　　❺件　名
❻本　文
　前　文（頭語〜挨拶）
　主　文（用件）
　末　文（結びの言葉〜結語）
❼記書き・副文
　　❽担当：XXX　課長○○○
　　　（直通電話 00-0000-0000/
　　　　Eメール XXXXX@XXXXX）

（儀礼的な文書）

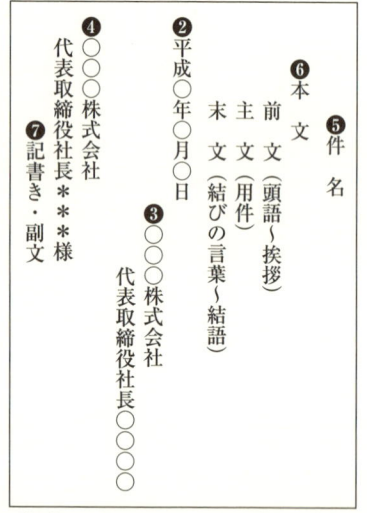

❹○○○株式会社　代表取締役社長＊＊＊＊様
❷平成○年○月○日
❸○○○株式会社　代表取締役社長○○○○
❻本　文　前文（頭語〜挨拶）　主文（用件）　末文（結びの言葉〜結語）
❺件　名
❼記書き・副文

（参考：『知識ゼロからのビジネス文書』幻冬舎）

①頭語と結語　内容に合わせてそれぞれを使い分けます。

一般的往信	（頭語）拝啓—（結語）敬具
	（頭語）拝呈，呈上，啓上—（結語）拝具，敬白
返信	（頭語）拝復—（結語）拝具
	（頭語）復啓，拝誦—（結語）敬具，敬答，敬白
改まった往信	（頭語）謹啓—（結語）謹白
	（頭語）恭啓，謹呈，粛啓—（結語）謹言，敬白
急な往信	（頭語）前略—（結語）草々
	（頭語）急啓，急白，急呈，取り急ぎ申し上げます—（結語）不一，匆々，以上
	※前略—草々の組合せは前文を略す（挨拶を抜く）意味合いをもつが，目上の人や顧客に出すときは，「前略ごめんください」と言い換えれば丁寧

②書き出しの挨拶　内容や季節，あて先に応じて使い分けます。なお，頻繁につきあいのある相手宛は，時候および慶賀の挨拶を省略してもかまいません。また，非常にお世話になった相手には，言葉を足し，より丁寧な言い回しを工夫しましょう。以下のように言葉の組合せにより丁寧度が上がります。

時候の挨拶	熟語「〇〇の候」を使う。1～12月の月に応じた決まり文句がある。「時下」はいつでも使える 1月―新春・厳寒・厳冬，2月―立春・晩冬・早春，3月―早春・春暖・軽暖，4月―陽春・仲春・桜花，5月―惜春・新緑・薫風，6月―入梅・初夏・向暑，7月―盛夏・大暑・炎暑，8月―晩夏・立秋・残暑，9月―新秋・初秋・秋涼，10月―秋冷・錦秋・紅葉，11月―初霜・晩秋・暮秋，12月―寒冷・初冬・師走
慶賀の挨拶	以下に示す5つの文節で構成される。個人宛，団体宛を使い分ける ・個人宛 　貴殿には＋ますます＋ご清祥＋のことと＋お喜〈慶〉び申し上げます。 　（貴方様には，先生には，皆様には）＋（いよいよ）＋（ご清栄，ご健勝，ご活躍）＋（の段，の由，のほど）＋（大慶に存じ上げます。何よりと存じます。拝察申し上げます。） ・団体宛 　貴社＋ますます＋ご清祥＋のことと＋お喜〈慶〉び申し上げます。 　（御社，貴会，貴行）＋（いよいよ，いっそう）＋（ご清栄，ご隆盛，ご繁栄）＋（の段，の由，のほど）＋（大慶に存じ上げます。何よりと存じます。拝察申し上げます。）
感謝の挨拶	日頃は＋お引き立て＋を賜り＋ありがとうございます。 （いつも，毎々，長年にわたり）＋（お心配り，ご厚誼，ご愛顧，ご厚情，ご用命，ご支援，ご協力，ご指導，ご高配）＋（をいただき，にあずかり，くださり，のほど）＋（御礼申し上げます。感謝申し上げます。感謝いたしております。） ※特定の件でお世話になっている場合は，「このたびは」「〇〇の件では」「先日は」など，具体的事例をあげてお礼を書く ※「格別の＋お引き立て」のように以下の一言を加えることによって丁寧度がさらに上がる（格別の，格段の，一方ならぬ，多大な，何かと，過分な，身に余る，並々ならぬ） ※「誠に＋ありがとうございます」のように以下の一言を加えることによって丁寧度がさらに上がる（誠に，厚く，心より，謹んで，深く，大変） ※ファックスやEメールなど簡略化した文書や，頻繁につきあいがあり大袈裟な挨拶を避けたい場合には，最初の語群にある言葉に「お世話になっております」の一言を加えただけでもよい

③主文の構成ポイント　上記の頭語，挨拶文に続き，改行して主文に入ります。主文の書き出しは，状況に合わせた接続詞で切り出しましょう。a.一般的な文書は「さて」，b.変更や開業などを知らせるときは「さて，このたび」「このたび」，c.誰かから伝え聞いたことについては「承りますれば」「伺いましたところ」，d.すでに知っていることについては「かねてより～」

「先日〜」「先般」で始めます。

　用件をわかりやすくまとめるには筋道を立て，論理的に組み立てることが肝心です。情報を正確に伝えるには，文章を短く，記書きで整理しましょう。

何について書いているか	「さて，このたびは○○の件で…」と最初に書けば，読みはじめに用件をつかむことができる
相手に対して言いたいこと	上記に続けて「つきましては…」などの言葉につなげ，相手に対する要望やこちらの主張を書く
締めくくり	慣用表現を使った終わりの挨拶をつける

④末文のつくり方　状況に合わせた慣用表現で本文を締めくくります。一般的な末文は，用件を繰り返し結びの言葉をつくります。主文から改行して，（まずは）＋（ご挨拶）＋（まで。）として結語を続けます。そのほかの組合せとして，（以上，右）＋（ご案内，ご報告，お知らせ，お返事，お詫び）＋（申し上げます。いたします。）などがあります。

　より丁寧にする場合は「書中をもって」「略儀ながら書面にて」を加えます。また，用件が2つになる場合は「お礼かたがたご挨拶まで」「お詫びかたがたお願いまで」を加えます。

　用件に合わせた結びの言葉では，添えたい一言を結びの言葉にします。用件によっては，先方の「発展」「ご自愛」を祈る慶賀の言葉や，返事を期待する文句で締める場合もあります。

お祝い状	ますますの＋ご発展を＋心より＋お祈り申し上げます。 （さらなる）＋（ご繁栄を，ご活躍を）＋（謹んで，心より）＋（お祈りいたします。願っております。） ※今後の活躍を祈る一言を添える
暑中・寒中見舞い状	暑さ（寒さ）厳しき折から＋くれぐれも＋ご自愛のほどお祈り申し上げます。 時節柄＋どうぞ＋お願いいたします。 ※健康を気遣う一言を添える
取引先への文書	今後とも＋いっそうの＋ご愛顧を賜りますよう＋お願い申し上げます。 （何とぞ）＋（変わらぬ）＋（ご厚情，ご指導）＋（のほど，をいただきたく）＋（お願いいたします。） ※今後もよろしくと伝える
問い合わせ	お手数ながら＋ご回答＋のほど＋お願いいたします。 （ご多忙のところ恐縮ですが）＋（ご返事）＋（をいただきたく）＋（お願い申し上げます。） ※返事をお願いして締めくくる

2 自分のキーワードを絞る

　前項の記述項目は就職応募にあたって予想される質問がほとんどですから，前もってその対策を考えておきましょう。それにはまず「自己分析」で，自分のキーワードを絞り込むことによって，前項の提出書類や面接試験での質問事項への解答案を整理しておきましょう。応募先の会社にとっての関心事は「自社にとって望ましい人材かどうか？」であり，応募者にとっては，「これまでの経験や知識を披露することによって，自分の価値を認識してもらえるか？」にかかっているわけです。「見出しになる言葉」や「キーワード」，そして具体的な経験や資格を表す語句や固有名詞を挿入することによって，採用側にアピールできます。

　a. 応募先の業種，職種，業務内容等で，必要となるスキルにマッチングする資格，研修実績（アルバイトなど関連性のある周辺にあるスキルであってもかまわない）
　b. 自分らしさをアピールできるもの
　c. 特技や趣味も面接時の質問材料としては有効
　d. 好きな科目・得意な科目
　e. 優れた職業観・就労意欲を表すもの
　f. 言葉遣い，マナーなど基本的な生活態度の優秀性を表すもの
　g. 専門知識

　これらをキーワードとして盛り込むことで，自分の売り込むべきところがクローズアップされてきます。

参考図書

『自分の持ち味をアピールする！履歴書・職務経歴書の正しい書き方』（金谷憲史，かんき出版）

『原稿用紙10枚を書く力』（斉藤孝，大和書房）

『これは便利！正しい文書がすぐ書ける本』（小川悟，日本経済新聞社）

memo

13　グループワークⅢ　自分から準備する

皆さんは「もう少し準備しておけばよかった」と感じたことはありませんか。自分の準備不足を後悔したことはありませんか。準備のしすぎということはありません。それをわかっていても実際にはついつい怠ってしまうものです。

私たちは，「準備する」「計画する」ということを意識せずに，知らず知らずに実行しています。そこで一度それがどういうことで，何が大切なのかを知っておきましょう。

1　課題解決に向けたプロセスを明らかにし準備する

計画とは，ある目標を定めて期日から現在を逆算し，目標を達成するためのリソース（人・物・金）を確認してその達成までの道のりをいくつか用意することです。これを日常実行する能力を計画力といいます。端的に表現すると，目標を設定して時間とプロセスの軸を明確にして常に代替案をもつ能力といえます。

たとえば，翌日の朝早い授業に出る場面を考えてみましょう。「その授業を学び単位を取るという目標がある。そして授業に出ることが目標達成へのリソース（この場合は授業内容）を身につけることになる。そのためには大学に来て，所定の時間までに教室に入っていなければならない。所定の時間に間に合うために家を出る時間を逆算し，さらに前日の寝る時間も意識する場合もある。」などと知らぬ間に計画力を発揮しながら生活しているといえます。

では，何を意識したらこの計画力を高めることができるでしょうか。日常必要な心がけを3点にまとめておきます。

① 計画には 5W2H が必要との意識をもつ
　　Who, When, Where, What, Why, How, How much

プロセス　目標到達への過程。

リソース　資源・活用するもの。

5W2H　計画を立てるときの基本。
Who ―誰と（対象者・担当者）
When ―いつ（期日・期限）
Where ―どこで（場所・範囲）
What ―何を（内容・課題）
Why ―なぜ（目的・ねらい）
How ―どのように（方法・手段）
How much ―いくらで（予算・経費）

> 右記のように計画を立てることは日常生活から培われている。
> しかし，それを持続するための時間・リソースが備わっているかを検証するスキルが必要となる。

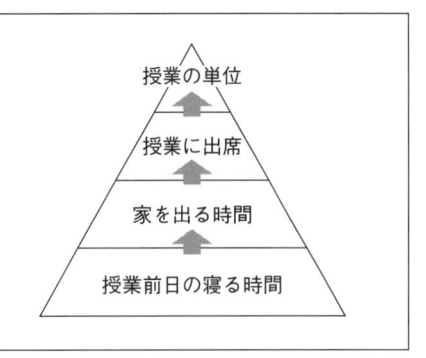

ピラミッド図：
- 授業の単位
- 授業に出席
- 家を出る時間
- 授業前日の寝る時間

② 目標設定から始める
③ 時間的余裕をもって取り組む

時間管理は大人の第一歩，社会人基礎力12項目（58頁参照）のなかでも基本的なものです。自分を甘やかさない気持ちが大切です。

> **時間管理** この言葉には「やることの管理」「時間という資源の管理」「約束の管理」が含まれる。

2 エクササイズ 「仲間と海外へ」

仲間の中心となって海外旅行計画づくりをするワークです。

● 進め方 ●

〔まず，1人で〕
① ワークシート発言内容をよく読み，計画書作成に取り組みます。

〔4人1組のグループになって〕
② 各自の計画内容を発表します。
　ほかのメンバーは自分の計画と違う点をメモにとります。
③ 各自の計画を比較するのではなく，それぞれの計画に見落としがないか，その計画で本当に旅行に飛び立てるのかを議論します。
④ 計画作成で見落としがちな点をメンバーで共有します。

ワークシート　　　　　　　　　　　　　　　　　　　　　　　　（主体性）

仲間と海外へ（計画力）

～仲間4人で行く海外旅行～

　夏休みが終わり9月中旬。いつもの4人で談笑中，そのなかの1人が「今度4人で海外旅行に行かない？」と，突然言い出しました。その一言にみんな呼応するかのように「いつ行く」「どこへ行く」「予算はどれくらいかな」など話が盛り上がりました。

　どうやらみんな本気のようです。話が進むにつれ，より話が具体的になり，4人のなかで一番しっかり者で，リーダー的な存在でかつ海外旅行の唯一の経験者であるあなたに今回の海外旅行の幹事的な役割を任されるのは自然な流れでした。

　さて，下記は4人の海外旅行に関する発言内容をまとめたものです。

- 現在は9月中旬。
- 4人は同じ大学の同じ学年，同じサークルに所属しており入学当初から仲が良く，4人で行動していることが多い。
- 海外旅行の日程は，後期試験が終わった2月にすることで合意。
- どこに行くかは決めていないが，予算は20万前後ということになった。
- あなた以外の3人は，海外旅行経験なし。
- あなたは夏休みの間にも海外旅行に行ったため，貯金がほぼゼロ。当然，両親からの援助はあてにできない。
- 4人で決めたことは今まで実行されなかったことは一度もない。

●あなたは今回の海外旅行をどう計画しますか？

計画書

© 株式会社ヒューマンリソース『社会人基礎力養成演習テキスト』

14　仕事の場で必要なことを知ろう

　Yさんは，自分は社会性もあり，フットワークにも自信がありました。希望の会社に入社できたので，即戦力として活躍する意気に燃えていました。新人研修を終えて自分の希望する部署に配属されたのですが，なぜかなじめず溶け込めない自分に戸惑っています。

1　協調性──チームで働く力

　「新卒の3分の1は，3年以内に辞める」とか「若者にツケを回す国の政策」とか「21世紀の蟹工船的企業」「非正規社員をバッファー（緩衝器）としている企業」といった記事がマスコミをにぎわしています。社会にそのような側面がまったくないとはいいませんが，もう少し真正面から問題と向き合ってみましょう。

　社会の一員となるということは，社会そのものの，限定的にいっても属するコミュニティのルールとレギュレイション（慣わしや規則）を遵守し，その組織のもつ方法論にとりあえず敬意を表して，その一員としての責任や義務を果たすということです。仕事は一人ではできません。チームの一員となって初めて担当業務を遂行していけるのです。そのためには次の3つの力が不可欠です。

① 柔軟性　特定の立場や考えに固執せず，その場に適した判断や対応ができること。
② 状況把握力　先ごろKY（空気読めない）が流行語になりました。すなわち「自分の周囲の人々や物事との関係性を理解する力，所属するチームにおける自分の役割を理解することが大切なのです。
③ ストレスコントロール力　ストレスの発生要因を的確に把握し，それに潰されない自分をつくることが，ストレスコントロール力です。ストレスに打ち勝つには，コミュニケーション力をつける，自己コントロール術を身につける，物の見方

蟹工船　1929年初版，小林多喜二著。プロレタリア文学の代表作。過酷な労働条件のもと低賃金で酷使される貧しい労働者たちを群像として描いた点が特徴的。新潮文庫から出版されているこの古典は，2008年前半で，異例の40万部が販売されたと新聞各紙が報じている。

KY　以前から若者の間で使われていたが，2007年ころからメールのやり取りで広く使われ普及した頭文字略語。その意味は「その場の雰囲気・状況を察することのできない人」のこと。

や考え方を変えることによって，行動の変容を図る認知療法と呼ばれるものなどがあります。各人各様のリラクゼーション手段をもつことも即効性が期待できます。

経済産業省の中間報告「**社会人基礎力**」にも「個人が社会の中で豊かで充実した人生を送ってゆくための必要な能力」を3つに大別し，それをさらに12に細分しています。このなかにある「チームで働く力」は，実社会では学生時代と比較にならない高いレベルで要求される能力です。

> **社会人基礎力** 問題提起の背景は，従来，社会（企業）には「企業が独自のエクスパテーズ（専門的知識情報）に基づき，新卒者を訓練して人材育成をする」という考えが根強く存在した。しかしバブル経済崩壊後の失われた10年で，独自に人材育成を行う余裕がなくなり，即戦力に対する需要が高まった。結果として社会が大学に対し従来の大学教育に加えて社会人基礎力養成を行うよう求めた。先進国に共通して見られる「豊かな社会の若者問題―学力／社会人力低下」により，これらの国においては自国経済文化の担い手育成が重要なテーマとなっている。

「社会人基礎力」（3つの能力/12の要素）

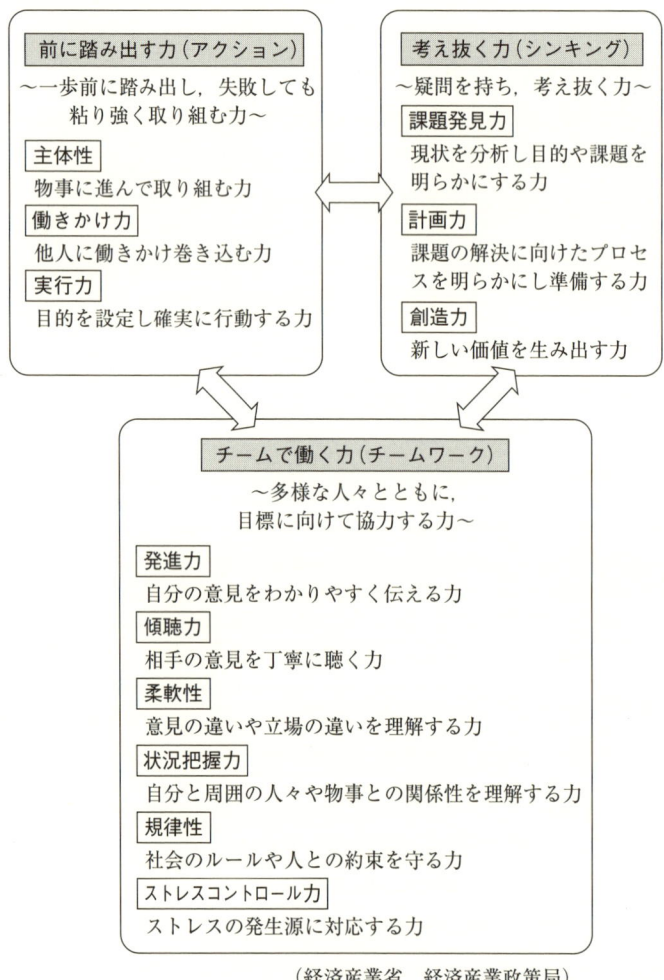

前に踏み出す力（アクション）
〜一歩前に踏み出し，失敗しても粘り強く取り組む力〜
- **主体性** 物事に進んで取り組む力
- **働きかけ力** 他人に働きかけ巻き込む力
- **実行力** 目的を設定し確実に行動する力

考え抜く力（シンキング）
〜疑問を持ち，考え抜く力〜
- **課題発見力** 現状を分析し目的や課題を明らかにする力
- **計画力** 課題の解決に向けたプロセスを明らかにし準備する力
- **創造力** 新しい価値を生み出す力

チームで働く力（チームワーク）
〜多様な人々とともに，目標に向けて協力する力〜
- **発信力** 自分の意見をわかりやすく伝える力
- **傾聴力** 相手の意見を丁寧に聴く力
- **柔軟性** 意見の違いや立場の違いを理解する力
- **状況把握力** 自分と周囲の人々や物事との関係性を理解する力
- **規律性** 社会のルールや人との約束を守る力
- **ストレスコントロール力** ストレスの発生源に対応する力

（経済産業省　経済産業政策局）

2 「一緒に働きたい」と思われる自分を創る

　マスコミが「上司にしたい有名人ベスト10」といった企画をやりますが，皆さんが「仲間にしたい人・一緒に仕事をしたい人」はどんな人ですか。ある出版社が「あなたが一緒に仕事をしたい人は，どんな人ですか」というアンケートを企画したところ，逆に補助的に付け加えた「一緒に仕事をしたくない人」という設問のほうに，圧倒的におもしろい興味をひく回答が寄せられたそうです。人が同じチームで働きたいと思うのは，決して「イエスマンで，自分に迎合する人や嫌なことを引受ける人」ではありません。もちろん単純な協調性も必要ですが，それだけでは不十分です。そのチームで戦力になれる何かをもっているか，少なくとも何かをもとうとする姿勢が必要です。ある人は，「一緒に働きたい人は，スピード感が同じで，共通の言語をもっていて，問題意識を共有できる人，自分自身もその人からプラスの刺激を受けられる人」といっています。

最強チーム「七人の侍」

　1954年に公開された黒澤明監督の最高傑作の１つに「七人の侍」という映画があります。このなかに，チームで働く，チーム力を強化するという命題の格好のサンプルを見ることができます。異なる個性と特技をもつ人間がチームを組んでつくり出す戦闘能力と個性の織りなすアヤが，この映画を一段とおもしろいものにしています。この作品は，フランシス・コッポラやジョージ・ルーカス，スティーブン・スピルバーグといったアメリカ・ハリウッドの映画監督にも大きな影響を与えました。

　物語のあらすじは，戦国時代に野武士に襲われ困窮する農村を救うべくチームを組んだ7人の個性的な侍が，百姓との軋轢を乗り越えつつ，協力して野武士と戦う物語です。シナリオ，アクションシーン，時代考証，個性的な登場人物，演じる俳優の演技など，世界的に高い評価を得ました。207分の上映時間をあきさせません。

　7人の侍は，①リーダーで戦略家，②軍学に秀でた温厚な人柄の人物，③リーダーの忠実な部下（無私の男），④ムードメーカー，⑤孤高の剣客，⑥世間知らずの若者，⑦型破りで血がたぎった熱い男，といった組み合わせのなかに，観客は目的達成のため強いチームワークが形成されていくのを目の当たりにします。百姓と侍の混成軍対の野武士集団の戦いのなかで，人間とは善悪と強弱を併せもつ存在として描かれています。

15 大学時代の夏をどうすごすか

高校時代までに比べると大学の夏休みは期間的に長いものです。Eさんも夏休みスタート前には，アルバイトのほかに，海外への短期留学やサークル活動など，あれもこれもと計画していましたが，結局アルバイトに明け暮れる夏休みとなってしまいました。

1 どうすごすと自分にプラスになるか

通常大学の前期の講義は7月中旬に終了します。大学によって多少の違いはあるでしょうが，引き続いて期末試験があり，後期講義の開始はおおむね9月中旬というのが一般的だと思います。少なくとも1カ月半の，自分の判断で消費できる可処分時間があることになります。社会人になると，このようなぜいたくな可処分時間をもつことはできません。大学生にのみ与えられるこの長期の自由時間である**夏休み**をどのように活用するかで，皆さんの成長の度合いに大きな差がつくことになります。プロスポーツの選手がオフシーズンをどのようにすごすかで，翌シーズンの活躍がちがってくるのと同じです。皆さんの場合も，この貴重な期間をどのようにすごしたら自分のためにプラスになるかをよく考えて，中身のあるプランを立て，充実した夏休みにしたいものです。自分の将来の進路を決めかねていても，気にすることはありません。少なくとも次の3点をコア・アイテム（中核）として計画を立てましょう。

①心と身体のケア（スポーツや旅行などによる心身の気分転換だけでなく，広く人間性を豊かにするさまざまな活動―新たにスポーツに挑戦する，何かのセミナーに参加する，ボランティア活動に参加するなどを含みます）

②能力アップ（インターンシップに参加する，何かの資格取得に挑

夏休み 欧米の大学は，おおむね6月末が学年末で，9月下旬ないし10月から新年度が始まる。日本より夏休み（学年末休暇）が長いのである。この期間みっちり働いて学資を稼ぐ学生，バックパッカーとして世界各国を見て歩く学生，卒業後の就職を見すえた活動をする学生（欧米企業には，新卒者一斉採用といった制度はない），ボランティア活動に専念する学生とさまざまだが，皆自分のライフプランを考えたうえで，しっかりした目的意識をもって夏休みをすごしている。

戦する，夏期集中講義を受講する，日ごろ興味のあることを研究してみるなど）

③アルバイト（アルバイトは金銭的なメリットだけでなく，社会のある断面を実体験するよいチャンスでもあります。日ごろしたことのないアルバイトをやってみること，将来の自分の進路に直接間接につながるアルバイトに挑戦することも意味があります）

日ごろ忙しいスケジュールをこなしている人は，思い切って1～2週間まったくスケジュールを立てずにすごしてみるのもおもしろいかもしれません。

2 アルバイト・インターシップ・ボランティアのもつ意味と意義

これらの活動には，それぞれ固有の目的や意義があり，結果として皆さんの人間的成長に大きな効果をもたらしてくれます。

(1) アルバイト

語源はドイツ語です。学業や本業のかたわらにする仕事です。近年では，労働力依存という活動形態から第三次産業が圧倒的に多くなっています。最近の大学生のアルバイトのベスト3はコンビニ，飲食店，家庭教師（塾講師）だそうです。普段アルバイトをしていない学生は全体の10％強です。アルバイトをする目的は最終的にはお金のようです。ただ，どんな職種職場で働いても協働の大切さを身をもって体験できるのです。夏休みのタイミングで，普段はできないアルバイトや自分が将来進みたいと考えている業種でのアルバイトに挑戦してみるのも意味のあることです。

(2) インターンシップ

夏休みないし春休みに，一定期間企業に研修生として勤務し（原則無給），企業のビジネス遂行のメカニズムを学び，社会人力を培う制度です。真面目に取り組めば得るところの多い制度です。原則は学校が学生と企業を仲介しますが，学校を経由しない（仲介業者経由）インターンシップも増えてきました。

(3) ボランティア

ボランティアの原義は「志願兵」です。ボランティアは自発性・

スケジュール　目標設定とその達成をめざす計画を立てるときは，長期・中期・短期でスケジュールを考える。たとえば，夏休み全体・向こう1週間，本日というスケジュールを立て，それぞれの達成度を省みながら修正をくり返すことが重要である。

無償性・利他性・先駆性・補完性・自己実現性などに基づく活動といわれています。活動に参加することにより自己実現（心理学用語で「人間は目標を定め，その実現のため努力する存在であり，その意味で自己に潜在する可能性を最大限に開発し実現すること」）の場としての役割を果たしています。ボランティアは，思いやりを育み，自己を成長させる絶好の場ですが，日本にも昔から「町内会」とか「消防団」といった相互扶助の慣習は存在し，必ずしも欧米からもち込まれた考え方ではありません。日本で学生のボランティア活動が活発になったのは，1995年の阪神・淡路大震災がきっかけです。カンボジアなどで従事する海外ボランティア活動にも，多くの学生が参加してます。自己の社会性を育むボランティア活動に参加することは，おおいに意味のあることです。

このほかにも，短期の海外留学や国内でも地域の公共施策や少年団・児童クラブ等の支援活動などに参加することも有意義なすごし方の1つといえます。

ボランティア活動とは

ボランティアの歴史は，中世ヨーロッパの騎士団や十字軍までさかのぼることができます。ボランティアの動機は，次のように分類されます。①利他主義…他人に奉仕するというキリスト教を思想的背景とするもの，②一般交換理論…他人に奉仕すれば，回りまわって必要なときには自分も奉仕してもらえる，③投資理論…ボランティアは自分をレベルアップするための投資と考える，④消費理論…ボランティア活動も，ほかの余暇と同様に，自分の消費可能時間を消費するもの。

また，個々人のもつボランティア活動への意識を推進する組織としてNPO（Non Profit Organization）の活動が日本でも活発化しており，大学とNPOの連携による大学生のボランティア活動も増えてきています。

日本におけるボランティア活動には，日本独自の意味合いとして，本人の純粋な自由意志に基づかないものもあります。動員，勧誘，強制などによるそれです。日本では奉仕活動の同義語としてボランティアといっている場合もあります。アメリカでは，大学受験願書のなかの重要項目として，高校時代にどのようなボランティア活動をしたかを記載する欄があります。それほどボランティア活動が社会的に高い位置にあるということです。

ステージ II

キャリアデザインを考える
…未来の「自分」を創造しよう！

16　大学での学びとライフデザインを考えよう

大学に入学したら，キャリア関係の窓口としてキャリアサポートセンターがありました。また，キャリアデザインとかライフデザインという言葉もよく耳にするようになりました。家族に聞いてみると，自分の学生のころにはそんな言葉はなかったけれど，就職課という窓口はあったと言っていました。それでは，**キャリア**とは就職のことでしょうか。

1　人生設計を思い描く（ライフデザイン，夢，希望）

　近年「ライフデザイン」「キャリアデザイン」「ライフプラン」「キャリアプラン」といった言葉を頻繁に耳にするようになりました。全入時代を迎えた大学教育においても，そのカリキュラムにおいて「一般教養科目群」「専門科目群」と並んで「キャリア関係科目群」が重要視され，各学部学科のニーズに準拠した3科目群のバランスのよい鼎立（ていりつ）が求められています。大学では社会のニーズを満たすべくキャリア教育を充実させ，社会性をもった社会人力のある人材を社会に送り出すことが，重要な使命の1つとなっています。通常，ワークキャリアとライフキャリアのどちらに重点をおくかによって「キャリアデザイン（プラン）」と呼ばれたり「ライフデザイン（プラン）」と呼ばれたりしますが，ここではこれを厳密に区別せず，自分自身の個人的充足（職業観，結婚観，生きがいなど）を主眼においたプランと経済的な側面からの将来プランを合体したものとしてライフデザインを考えてみましょう。

キャリア　もともとは中央省庁の国家公務員1種合格者を意味したこの言葉が，本来の意味で使われるようになった。「一生の間の仕事生活上の一連の活動や行為」がその意味である。社会の変化により，雇用における従来の制度や慣行が本来の目的にそって機能しなくなってきたこと，アメリカで発展してきたキャリアカウンセリングが日本の雇用市場にも適合するようになってきたことにより，「キャリアを意識し重視すること」が必要になってきた。

皆さんの大多数は，あなたの「ライフプラン」や「キャリアプラン」はとたずねられると，「何をしたいかわからない」「何を選択したらいいかわからない，決められない」と，ときには「やりたいことがない」といった回答をするのではないかと思います。ひょっとすると「わからない」「決められない」のではなく，「その目標に向かっての努力から逃げているか」「決めるのが怖い」のではありませんか。一昔前までは，キャリア形成を自分の属する組織（たとえば就職した企業など）に委ねることも一般的でした。しかしIT・ICT革命の進行，グローバリゼーションの進展による社会の変化，職業の多様化，人生観・価値観の多様化などにより，個々人が自分のライフデザインを大学入学の段階から考えていく時代が到来しています。いろいろな社会の組織も，組織の構成メンバーを一律に集団管理するのではなく，多彩な人的資源として個別管理する方向に転換しつつあります。個々人は自分の夢や希望をかなえるため，自分のエンプロイアビリティ（雇用されやすい能力＝セールスポイントがあること）をもつ必要があります。くり返しますが，属する組織が構成メンバーの一生を保障するといった「よい企業に就職＝よき人生が送れる」はもはや妄想です。自分の将来の夢や希望を考え，自分のライフデザインを創造しましょう。世の中が複雑化し，日々さまざまなことが起こります。目標が明確だと，突然の変化や突然のチャンスにも素早く対応し，変化を生かすことができます。

> **ライフデザインを考えるステップ**
> ①将来どんな人生を送りたいか？ どんな生活をしたいか → 人生プランを考える
> ②自分をイメージしよう（やりたいことは？ なりたい自分は？）
> ③実現への道，方法を考えよう → そして実行しよう

2　世の中での自分の立ち位置を知る

「世の中での自分の立ち位置」とは，皆さんにとってちょっと把握しにくい表現ですね。少し表現を変えると，「自分の属する集団のなかで，自分がどのように立場にいるか」とか，「自分はどのような立場にいたいのか」，あるいは「第三者は皆さんをどのように位置づけているか」とか，「第三者は皆さんがどのような位置に居てほしいと思っているか」といえば，理解していただけるのではないかと思います。ぜひ今の時点で大学生の皆さんに次の現状認

識をしてほしいと思います。

①一般論ですが，皆さんが幼児から高校卒業まで家族や小中高校で受けてきた教育や躾のもたらしたものと，社会が皆さんに要求している社会性や社会人力との間に大きなギャップがあり，そのギャップを大学でうめる努力をしなければならないということです。経済産業省が発表した「社会人基礎力」という考え方も，上記のギャップをぜひ大学でうめてほしいという要望が出発点となっています（58頁参照）。

②欧米の教育の原点には，「自分のことは自分でする」「他人に迷惑をかけない」という非常に基本的で重要な原理原則が存在します。経済先進国にある種共通の問題なのですが，ともすると「教育問題＝学力低下の問題」ととらえがちです。日本の若者の考える姿勢の欠如・学習意欲の欠如・倫理観の欠如・社会常識やマナーの欠如といったことこそより深刻な問題なのです。

③そこで，皆さんに期待したいのは，まずは「自分で考え行動できるようになってほしい」ということです。次に自己分析をして，「何がしたい」「何ができる」「大事な価値観は何か」を認識し，しっかりと自分をイメージしましょう。このような行程を経て，自分のライフデザイン（人生設計）をしましょう。そのうえで，社会に出る準備（**就職活動**）に進んでほしいと思います。社会性　社会人力を養い，自分のめざす社会的ポジション（立ち位置）を意識した能動的な活動を期待したと思います。本書を学んで，皆さんが自分自身の将来性に挑戦するためにも，キャリアを考えることの大切さを改めて認識してほしいと思います。

就職活動　職業に就くための活動のこと。略して就活とも呼ばれる。雇用形態の多様化（正規雇用と非正規雇用＝正社員と非正規社員の混在，非正規雇用形態の多様化）や就職協定（リクルート開始時期に関する申し合わせ）の廃止により，大学生が3年生から就職活動に振り回されてしまうといった好ましくない現状も見られる。

17 人間はなぜ働くのだろうか

私の好きな作家に宮城谷昌光という歴史作家がいます。主に中国古代小説を発表していますが，私にとってはすい星のように現れた作家です。10年ほど前，書店で『「天空の舟」──小説・伊尹伝──』という小説を偶然手にして以来ファンになってしまいました。

彼は，小説が世に出るまで大変苦労をしたようです。時の文壇の厳しい批評などに奮起し，研究に打ち込み，売れない貧しい時代が続いたのです。これが最後の自費出版だという話を頼み込んだときの，真っ青な妻の横顔を彼は記しています。子どもをかかえ家計のやりくりに苦労をしている貧乏作家の妻の心中を，彼はどんな風に思いやっていたのでしょうか。世に認められるまで，彼とその家庭の苦心は壮絶といわざるをえませんでした。

一体そうまでして彼はなんのために研究し，小説を書いていたのでしょうか。

1　仕事の意義とは

(1) 働きたくない

皆さんは働きたいと思いますか。できれば遊んで暮らしたいですか。皆働かないで，ラクに楽しく暮らしたいでしょう。働くことは嫌なことです。学業についても同じ，皆勉強をしたがりません。どうしてでしょうか。

それでも熱心に仕事や勉強をする人がいます。彼らも同じように仕事や勉強は嫌いなのですが…。どうして自分は彼らのように働けないのでしょうか。何がちがうのでしょうか。

なぜ働くのかについて理由をいえば最もらしいことはいえます。しかしそんなことでは働く気にはなれません。

ところが，私たちはラクをして寝ていたいといいますが，とき

には体を動かして引力に逆らうことを心地よく感じます。たとえば，スポーツジムにトレーニングに行きますが，決してラクではありません。それでも，お金を払ってでもスポーツジムに通います。また，ときには，きつい労働に率先して従事することがあったりします。働くことは結構楽しいことかもしれないのです。

(2) 自分の意志で働きたい

これは働くことが嫌いなのと，どうちがうのでしょうか。「それは自分の意志で行くからいいので，人に強要されるのが嫌なのだ」といわれるかもしれません。確かに人に強要されることが一番嫌なことかもしれません。では**自分の意志**であれば，辛くても働けるということなのでしょうか。

一生懸命働いたり勉強したりしていたのに，何かのきっかけでやる気がなくなるということがあります。裏切られたり，期待どおりでなかったり，ほかの仕事のほうが魅力的に見えたり，報われなかったりなどです。これらの意識で共通することは自分の仕事だとは思っていなかったということです。自分で選択して働きはじめたにもかかわらず，実は自分で決めたのではなかったということでしょうか。とにかく自分の意志で働くということが働くための大きな条件です。

> **自分の意思** 自己主張を悪いことのように感じる人がいるが，こういう人は人のために働くということが自分の意志なのである。仕事の内容というより，「人の役に立つか立たないか」ということが基準になる。いずれにしても，自分の意志で働くということははっきり自覚しておかなければならない。

(3) 働く覚悟をはっきりさせる

どうすれば，途中で挫折することもなく働き続けられるのでしょうか。実は挫折してもよいのだと思います。1回や2回ぐらいはかまわないのかもしれません。いつか自分の仕事を見つけられればよいのかもしれません。

自分の仕事を見つけるというより，働くことを受け入れられるということかもしれません。実は，働く目的には仕事の内容ではないこともあるのです。人のために働くということもあります。

人のために働くということは，両刃の剣のようなところがあります。人（家族や顧客，会社など）のために働くことは喜びがありますが，反面，「自分を犠牲にしてしまった。あいつらのために本当にやりたいことができなかった」という，やらされたという気持ちにもなるということです。ですから，働く出発点でその覚悟

をしっかりしておかなければいけないのです。自分を犠牲にしても人のために働くということを，はっきりと自己決定をしておかなければ後悔することになるのです。

　自分のために働くということと，人のために働くということが合致していれば問題ありません。しかし，世の中はうまくはいきません。大概の人は，家族のために一生懸命働くのです。自分の目的をもっている人のほうが少ないといえます。自分の目的を達成しようとすると，家族やほかの人に犠牲を強いることがあります。両方とも満たすことはむずかしいものがあります。

2　働く目標を考える

　強制であったり自分の意志であったり，自分のためであったり人のためであったりであっても，働く目標はなんでしょうか。
　以下に7つの目標をあげてみました。ほかにもあるかもしれません。自分なりに働く目標を考えてみましょう。
①基本的生活のために（食べるために）　私たちは一食でも抜くことは苦痛です。食欲がなくなることは，生死がかかわる大きな問題です。残念ながら食べ物は働かねば得られません。生きていく糧を得るために働くのです。
②自分で自分の面倒をみる（自立のため）　自立するということは，まず自分の食い扶持を自分で稼ぐということです。稼ぐにはそれに見合うと評価される働きをすることが条件です。それは他人が食うことに役立たねば認められません。つまり他人の命を支えてはじめて自分の糧も得ることができるということです。
③あなたの役割と喜び　あなたは，社会とどのようにかかわっていますか。かかわりたくないので引きこもっているとしても，そういうかかわり方をしているのです。それがあなたに社会が現れた働きです。しかし，それはあなたの命を生かす働きですか。人の命に役立っている働きですか。あなたが生かされているようにあなたも人の命に役立つことが大切です。その働きは社会があなたに求めている，要求しているあなたの役割としての仕事です。人に命を支えられてい

食べるために働く　東北では「がらがら」が一番怖いという。米櫃が空になった音である。東北出身の苦学生だった私の親は苦労して私たちを育てた。あるとき食卓に向かいながらしみじみ「このために働くんだよ」と言った。夢や希望のために働くこともあるが，基本は食べるために働くのである。

自活への道　上京して一人住まいを始めて実感したことは，仕送りは小遣いではなく生活費だということであった。卒業したら仕送りが途絶え，働かざるを得なくなった。まだ夢を追いかけて，見とおしもつかないころで，毎日不安だった。
　自立がきちんとできないと不正な行為に走りかねない。学生時代に教師や友人や社会からよく学んで備えなければならない。

るのだから，人の命を支えなければならないのです。支えられているけれど何も支えないということは不公平です。

たいがいの人は，家族や仲間や人のために働いています。人のために働くことが喜びとなる人は幸せです。そこに喜びを見いだすので働くことができるのです。人の命を支えることは生きがいになるのです。

④人に認められる（人のためになる喜び）　人の役に立つという喜びは，大方の人間にとって，生きる糧を得るというだけでなく生きる喜びのためにも決定的に重要なことです。人に認められるなら，ときには命をかけても惜しくないということが起こるのです。

次にいう自分の才能も人に認められなければ大変苦しむことになります。どうしてでしょうか。人に認められ，ほめられるということは私たちにとって最も重要な要素なのです。嫉妬や忌まわしい犯罪などは，ここが原因になっていることが多いのです。

⑤自分の才能と仕事　「自分の才能を生かした仕事の発見」，個性や天分などといわれる仕事観があります。そうできれば幸運です。しかし，才能は特別なものではないことが多いのです。世間的には平凡な能力でしかなくとも自分の才能なのです。きっと楽しいはずです。

個性・才能・天分など自分に一番向いていることを見つけようといわれ，若者はそれを期待して放浪します。しかしそんなものはなかなか見つかりません。気がついてみると，ありふれた仕事に没頭し，生きがいを感じているということが多いのです。

⑥あなたの才能は社会のなかにある　才能や天分を生かすような仕事を見つけよう，というのは近代教育の幻想です。これらは近代的自我に基づいているものです。近代的自我が幻想であるなら個人の才能や天分というものも幻想です。なぜなら，それらは社会状況の申し子だからです。

では，私たちはなんのために働くのでしょうか。社会や自然や家族などが私の仕事を浮き彫りにしてくれるのです。社会が私に役割を生み出すのです。それは，近代教育のいう個性や才能や天分というものとして幻惑されているのです。そういうものは，はじめから私にあったものではありません。私がいて，それに備わっ

> **人に認められる**　子どもは親にほめられることがうれしい。愛する者から喜ばれることは何よりうれしい。忠臣蔵では家来は主君のために仇討し，死んでいった。人に認められ，人を認めることは社会生活上とても重要なことである。

ているものではありません。

　社会や状況が，私に求めているものを受け止めることが大切なのです。才能を見つけようとしても，そこは空虚な空っぽです。あなたの才能は，社会のなかにあるのです。あなた自身のなかに秘蔵されているわけではありません。

⑦命運によって（いのちの潮流に乗って）　どうしてもやり続けていること。無謀かもしれないが，諦めることを知らない道。つまらない，取るに足らないことかもしれませんが，自分にとっては人生をかけた一大事ということがあります。そこにこそ働く充実感があります。ときには，それは苦悩であるかもしれません。

　そうした自分の命の潮流が，私たちにはあるのではないでしょうか。働くとは，命の潮流が私に働いているということではないでしょうか。実は私が働いているのではなく，私の命が働いて私を運んでいるのではないでしょうか。

　自分が働くというより，自分の命運が働いているのです。

参考図書
『自我の哲学史』（酒井潔，講談社）

memo

18 自分は何がしたいのだろうか

皆さんは，フランスの文豪スタンダール（1783-1842）の「赤と黒」という小説を知っているでしょうか。舞台は，フランスのナポレオン全盛のころです。木こりの子に生まれながら，頭が良く野心に燃える青年ジュリアン・ソレルの恋と立身の物語です。一般に，赤は軍服，黒は僧服といわれ，当時は権力の両頭でした。ジュリアンはその選択に悩みました。「どちらが偉大だろうか？」。

やがて恋と能力を踏み台にして，ジュリアンは出世していきます。しかし最後には，その恋が仇となって悲劇的な結末を迎えるという筋書きです。ここには，皆さんのような青年が進路選択に悩み，出世していく情景があります。ジュリアンは，最後には野心より真の愛によって満たされ，死んでいきますが，それはスタンダールの人生観を示しているといえます。

📖 **参考図書**
『赤と黒』（スタンダール著，桑原武夫，生島遼一訳，岩波書店）

1 野心とやりたいことを考える

(1)「野心か愛か」青年期の情熱を占めるもの

野心は仕事に関係し，愛とは別ものです。ですから，仕事と愛を同時にも求めることが可能です。しかし仕事を優先するか，愛を優先するかという局面は，世の中では当たり前に直面します。皆さんは，どちらを選択しますか。いっぽう，野心よりも愛を優先するとしても，自分の仕事を大成し，野心を満足させることはできないことではありません。

野心は，立身出世という世間的な力をもちたいということですが，それだけではないようです。そのなかには，人間として立派でありたいというような人間としての本質にかかわる面が潜んでいます。また，その本質を具体的に表現すると，世の中を動かす政治家になりたいとか，経済界で力をもちたいとか，あるいは偉大

映画『モンパルナスの灯』は，天才でありながら世の中で認められず，極貧の失意の内で亡くなったモジリアニという画家の生涯を描いている。

な芸術家になりたい，などという職業的なものとなります。政治家・経済家・芸術家という職業的実力を成就するという目標です。

以上の3つ（①世間的評判　②人間の本質　③職業的実力）は私たちのなかでは深くかかわり合っており，無視できないようです。「世間的評判がよければ，あとはなくても満足できる」というわけには私たちはいきません。これら3つとも成就したいと私たちは望みます。

しかし，どんなに人間的本質や職業性において大成しても，世間的な評価を得なかったり，政治的あるいは金銭的術策によって世間から正当に認められなかったりすることがあります。すると人間的本質や職業的上質性などを脇においた画策が労され，それが野心といわれたりします。

ですから野心のめざすところは，自分がやりたいことではなく，世間の評判を獲得したいということになるのです。多くの天才たちもこの一面で苦しみました。しかし彼らはその苦しみと戦いながら，自分のやりたいことに専心していったのです。

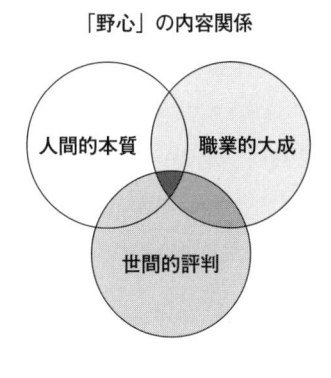

「野心」の内容関係

人間的本質　職業的大成　世間的評判

野心　「野心」は中国の漢字では悪い意味であり，「身分不相応の良くない望み」を意味する。また有名なクラーク博士の「Boys, be ambitious！」は，「大志」とか「野心」とされている。

(2) やりたいことはなんですか？

① あなたは，やりたいことについて考えていますか？
② あなたには，やりたいことがありますか？
③ あなたがやりたくないことはなんですか？
④ あなたのやりたいことは，具体的に職業となるものですか？
⑤ あなたがやりたいことは，あなたの能力や趣味にマッチしていますか？

皆さんはこの問いについて，どのようにして考えましたか。あなたは，その体験をしたことがありますか。映画や雑誌など，ほかから得たよいイメージで考えてはいませんか。

やりたいことには憧れも入ります。あこがれを現実にすることもできるかもしれません。しかし素養，経験，知識などで無理な

ことも多いのです。

　本当にやりたいことはすでにあなたのこれまでの人生で取り組みつづけているようなものであることが多いものです。身近すぎて，対象にならないかもしれません。その内容を職業的にとらえてみてください。

2　やりたいことを続けるための努力

(1)「やりがい」「生きがい」という幻想

　「心の状態」と「現実の作業」をきちんと分けましょう。「やりがい」とか「生きがい」というのは心の問題といわれます。仕事は外からではわかりません。華やかに見えても，その現実は大変苦労が多いものです。仕事になるとみな3Kです。それを超えて，目標をめざすことを努力といいます。「やりがい」や「生きがい」という喜びの気持ちはその努力へのご褒美です。

　「やりがい」のある仕事とか「生きがい」のある人生というものはありません。仕事や人生を「〜がい」のあるものにするのは自分の努力によるのです。「何か『やりがい』のあることをやりたい」とよくいわれますが，正確には「仕事を『やりがい』のあるものにしたい」というのが正しいでしょう。

(2) 努力を避けると浮浪になる

　働くとことが苦手な人は，努力ができない人です。家族や友人や会社や社会のお荷物になり，やがて孤立し，寂しい人生になってしまうのです。なぜなら，人は努力を賞賛するからです。

　しかし，私たちは，とくに現代では，みな「努力」を避けるようになっています。最近の私たちの口癖は「面倒くさい」であり，体質は「先延ばし」です。「あとでやる」とか「いつかやる」といって先に延ばし，いつまでたっても何もしません。

　しかし，努力は必ずしも報われるとは限りません。人と人は衝突し，争うことがあります。妬みや嫉妬によって自分の正義や夢や努力などを破壊され，理不尽がまかりとおることがあります。働くことには，そうしたことに配慮して，揉めごとにならないよう，

「やりがい」のある職業とか「生きがい」のある人生というものがあるという見解を価値の実在説という。これに対して価値は感情や情緒的なものであるという説もあり，現在も議論は続いている。

📖 **参考図書**
『西洋の哲学・東洋の思想』（小坂国継，講談社）

みんなの不利益にならないように備えることも含まれています。

　たとえ報われなくても，倦まずたゆまず続けることが努力ということだと思います。何か一時的な瞬発力をもって努力というわけではありません。**長続きすることが大切です。**

　長続きするためには飽きないことでなければ続きません。それはやはり嫌いなことでは保たないでしょう。そんな条件に当てはまることは，すでに今もう実行していることが多いものです。

(3) 今，何をしていますか？

　今皆さんのやっていることは，ほぼ皆さんが一生やり続けることだろうと思います。幼小時から今も継続している世界を見れば，皆さんがこれからもやり続けるであろうことが見えてくるのです。いいことばかりではなく，悪いことについてもいえると思います。それが皆さんには止めることのできない，いわば皆さんのやりたいことだからです。必ずしも，具体的な仕事とは限りません。あなたの人生のテーマとなっているような命題でも同様です。

(4) いくつかの試練を超えて

　青春には，いくつかの大きな課題があります。それらを混濁して失敗しがちです。1つは，性の問題です。これは強い命の作用であり，誰もこの力には抗えません。自分の夢や課題など一切のものを押し流してしまうほどです。この洪水に巻き込まれて道を見失わないように必死で耐え，コントロールし，過ちを未然に避けましょう。2つには，環境条件の問題です。私たちには各自，家族や一族，さらに民族から継承した課題があります。たとえば，私たちは日本人であることの共通の課題から逃れることはできません。3つには，自分の課題との取り組みです。それには，心身の固有の課題があります。とくに現代の私たちは，多くの人が「心の痛み」をかかえている状況です。それに対処して克服していくことが大切です。

　また，押さえきれない夢や自分のテーマへの邁進があります。基本的には青春の努力はこれに向かうのですが，性や環境条件との葛藤のなかで混乱させられることが多いのです。分別して達成しましょう。

長続きすること　写真は，恩師がくれた書である。いただいたとき，怪訝な顔をしていると，「長く続けるということだよ」と静かに笑われた。

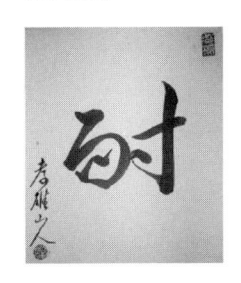

📖 **参考図書**
『心の痛み―どう耐えるか』（小此木敬吾, NHKブックス）

19 自分を知ろう

古代ギリシャの神殿には,「汝自身を知らざるものはこの門を入るべからず」をいう言葉が掲げられていたそうです。聖賢**ソクラテス**(B.C.6)が唱えた「無知の知」はこれを踏襲するもので,「自分の無知を自覚する」という意味です。2つの言葉を合わせると,「自分を知ることはできないと知っている者だけが神殿で祈ることができる」ということになります。言い換えると「自分を知っていると思う者の祈りは神に届かない」ということになります。

無知の自覚は1つの**ダイアローグ**で,矛盾命題といえます。本当に自分を知らないのなら,無知であるということさえも知らないはずだからです。古代ギリシアでは,神との間では非常に純朴な人間性が求められたのだと考えられます。

1「自分を知る」ことができるだろうか

(1)「自分」を「知る」ということ

ここでこのテーマが取り上げられているのは,自分の人生設計や職業選択のために「自分を知る」ことが大切であるからです。そんなにむずかしい問題ではないはずですが,意外と答えに窮するようです。18で見たように,「自分」の問題は,結構考えなければならない問題なのです。その問題の背後には冒頭のような「無知の知」という本質的な問題が隠れているのです。

「自分を知る」という文は,①「自分」と②「知る」ということで構成されています。ですから,「自分」ということと「知る」ということの2つのことが問題になります。

「自分」ということについては,6で西欧近代的自我と私たちの自我観とのちがいについて述べていますが,「知る」ということについても同様なちがいがあります。そして,このちがいは西欧

ソクラテス 「無知の自覚」は近代西欧的自我論と真反対のことを主張している。自我を中心にすべてを知ろうというのが近代西欧的姿勢である。ソクラテスの生きた古代ギリシアのころはそれと反対に神の知恵の間に間に生きようとしたのである。

ダイアローグ dialogue
対話は,ソクラテスが人の無知を自覚せしめる有効な方法で,問答法という。問答のなかで人は自分の主張の矛盾にぶつかり,実は自分がそのことについて知らないのだということを自覚するようになった。そして真の知者は神のみであることを知るようになる。

近代的な「自分を知る」と，私たちの「自分を知る」との間に大きなちがいをもたらします。この点を理解しておかないと自分を知るということは，どっちにもつかない中途半端なものになってしまい，ひいては私たちの生き方をも迷いの多い不明瞭なものにしてしまうのです。

　冒頭で見たように，古代においては，西欧もまだ「自我」は世間から隔離してはいません。12, 3世紀ごろに西欧近代の「自我」が発達してきます。いうなれば，それまでは「自分」について知らなくてもよかったわけです。むしろ知らないほうがよいのです。

　しかし，近代西欧的自我観の洗礼を受けている私たちにとっては，そんなことは不安でたまりません。かといって，本当の意味での西欧近代的自我を理解していない私たちは敢然と世間を超越したような自分像を主張することもできません。そこで現代の私たちにとって「自分」というのは，中途半端な自画像になっているのです。

(2) 近代西欧的な「知る」ということ

　つぎに「知る」ということについてみてみます。西欧近代精神では，「知る」とは理性の仕事です。理性とは，論理的に矛盾していないということですが，それだけではありません。人間の理解領域にあるということも含意しています。つまるところ，それは自分個人のレベルでおかしくないかどうかを判断するような「知」を意味するのです。ですから，今日では自分が理解できないものは認めなくてもかまわないのです。以上の意味での「知る」は，私たちもだいぶ西欧化されているので，私たちにもわかりやすく，一般的に受け入れられたものになっています。

　しかし私たちは，古代から別の意味での「知る」を継承しています。世の中の体制と融合した生き方をするという意味での「知る」です。人間の知る手段を理性や感覚に限定しないで，まだ見知らないものに対する開放的な姿勢が保たれています。

(3) 私たちの「知る」ということ

　西欧近代的な「自分を知る」の姿勢は，古代ギリシアにいわれ

欧米の製品は，車や家具など大変すばらしいものである。日本の製品に比べて，とくに見劣りはしない。しかし何か私たちには微妙な違和感がある。そこには人間観や自然観，つまり文化の大きな違いがある。

た「無知の知」を継承するものではありません。なぜなら人間知を主張し、無知を排除しようとするものだからです。しかし私たちの姿勢は、古代ギリシア人のように「自分を知る」ことなどは不可能であるということを前提として取り組みます。

　ですから、人生設計に取り組むに際しても、私たちは必ずしも明確につかんでいるわけでも、しっかりした計画ができるわけでもありません。そのうえで「自分を知り」自分の道を見つめて、一応の方向性を見いだそうという姿勢を重視するのです。

2　気まぐれな自分とこだわる自分

(1) 曖昧性をとらえる

　私たちが「自分を知る」ということで求めているのは、社会や世間でどう生きるかというテーマに答えるような解答です。私たちは、孤立した1人ではありません。融合し、混ざり合った仲間のなかの1人です。自分だけをみているよりも、世の中をみることで自分もみえてくるのです。

　実は、自分というのは世の中を形成する素材ともいえます。世の中には皆さんを生かすいろいろな人がいます。まじめな皆さんなら信頼を重視するセクションや職種で、愛嬌がよければ営業や接客でというように生かそうとします。

　いっぽう、人にはわかりにくい自分もあります。そうした自分を相手にもわかりやすいように表現することはとても大切です。私たちが「自分を知る」ということで相手に自分をわかってもらい、一緒に働くことができるからです。

　しかし、世の中での私たちは、可変的で気まぐれともいえます。各自がそれぞれの思惑で予測しないような受け止めや動きをするのです。自分で自分がわからなくなることも多いのです。にもかかわらず、私たちはそうした世の中のあり様を尊重します。それが西欧近代個人主義と異なっている私たちの文化です。

　そうしたなかで、曖昧ながらも自分を知り、それをなんとなくわかってもらいながら一緒に働いているのです。

人生設計　人生を一歩踏み出すときに、はじめから人生の全体構想がなくてもよく、どこから始めてもよいのである。人生を開始する客観的な絶対基準があるわけではない。また人生は、人生設計を立ててから始められるものではなく、人生設計を立てようとして始められるものではないだろうか。

私たちにとって自分の進路を決定するときには，私たちの文化がそうであるように，**曖昧性**を否定することはできません。むしろ否定してはならないといえます。曖昧性のなかに継続する一貫性のようなものをとらえることができれば，釈然とするのだと思います。

　自然には，常に曖昧な変形性があります。ヤツデの葉は，必ずしも8つとは限りませんし，さらに，その形はどれも同じものではありません。近代精神に基づく近代科学は均一な製品の美をもたらしましたが，手づくり製品にはどんなに優れた仕事の製品でも各製品に個性と人間的な味わいがあります。これは「いのち」の現れだと思います。私たちも進路決定においてはそうしたことを決して忘れてはならないのだと思います。

　私たちは，必ずしも利口ではありません。私たちの記憶は網羅的ではなく，私たちの行動は首尾一貫したものではありません。私たちは，自分のまわりに起こっていることが全部見えているわけではなく，部分的に残された記憶もところどころ虫食いで，しかも私たちの行動は限られた記憶のすべてに照らし合わせたものでもありません。いうなれば，やみくもに生きているのです。そんな自分が，どうして生きられているのでしょうか。ランダムでもいいのです。むしろ私たちは自分を知るために行動するという側面もあるのです。

(2) 自分流のこだわりをとらえる

　お金にこだわる自分，食べ物にこだわる自分，芸術にこだわる自分，モラルにこだわる自分，友情にこだわる自分，絶対に損をしたくないという自分，人に尽くすことが喜びである自分，自分の性がそこにはあります。そのちがいやこだわりを知り，それを実現していくことで自分の人生を自分のものにしていくのです。

　これは18で述べたことですが，誰にでも人生の課題があり，実はとても曖昧なものです。しかも，とても大切なことで，私たちはその課題を果たすために生まれてきたのかもしれないのです。自分が切れてしまうところ，こだわるところ，自分がうれしいこと，むきになってしまうことなど，みんな自分の課題に関係があ

曖昧性　曖昧であるということは，自分が曖昧だということではなく，それをとらえることが曖昧であるということである。本当の自分はとらえられた自分ではない。それはすでに自分以外のものに化している。したがって，本当の自分はとらえられる以前の自分である。だから，最大限なんとなく予感できる自分というところにとどまったもので，曖昧以上のものにはなりえないのである。ただし，それは生きて活動しており，その意味ではリアルそのものである。

ります。人生に課題がなければ，もう生きる必要がないのです。この課題が自分を知る大きなヒントだろうと思います。

　自分には，人生の体験上予測できることがあります。私たちは人生で同じことを何度もくり返し，同じ成功や失敗を重ねています。深層心理的に成功予測や失敗予測ができるのです。自分のパターンや癖を見抜くことが自分を知る大きなヒントになります。

　自分流のこだわりリストをつくりましょう。自己分析や自分マップ，**エゴグラム**などの道具を試して自分を理解しましょう。そこに現れたものから，自分に隠れている一貫したこだわりを，具体的でなくても，心の状態であってもとらえてみましょう。つぎに，それを実現したり解決したりするための具体的な職業や対策を考えてみましょう。

エゴグラム　アメリカの心理学者J.M.デュセイが開発した性格分析法です。知性的アプローチと感情的アプローチを結合してできており，人の心を5つの領域に分類してグラフにしたものである。ネットなどでも診断プログラムがある。『エゴグラム』（J. M. デュセイ　創元社）

自分マップのサンプル　〈自分流で作表や内容を工夫する〉

領域	項目	記述
興味の範囲	継続していること	自然系読書や視聴
	大事なもの	仲間，旅行，静寂，音楽
身体	健康	強靱，発熱し易い
	身体能力	やや高い，タフ
行動	行動範囲	広い（山や川）
	規則性	月1回自然に出かける

→〈自分で記述を増やす〉

↓〈自分で領域や項目を増やす〉

　キャリア対策としての「自分を知る」方法や診断テストはいろいろ出ています。たとえば，**VPI職業興味検査**（Vocational Preference Inventory：VPI）が有名です。そうした検査を参考にする方法もあります。しかしその結果は一般化されたもので，私個人に具体性を与えるものではなく，十分な力になるものではないような気がします。自分の特性のなかで活用するようにしましょう。

VPI職業興味検査　アメリカで開発されたホランドによるVPIの日本版。6つの興味領域（現実的，研究的，芸術的，社会的，企業的，慣習的）に対する興味の程度と5つの傾向尺度（自己統制，男性-女性，地位志向，稀有反応，黙従反応）がプロフィールで表示。

20 グループワークⅣ 自分から取り組む

皆さんは，自分から取り組むの「自分から」という部分ができていますか。そうしよう，そうしようと思っていても，なかなかそれを行うのはむずかしいものです。それには，自分を知り，自分に自信をもつことが大切です。誰もが独自の「良いところ」（個性，強み）をもっていますが，それは意外とまわりの人のほうが見えていることもよくあります。自分のことであればあるほど，自分とまわりとの関係性に気づくことが重要です。

1 進んで物事に取り組む

よく「主体性が大事」とか，「もっと主体性をもって行動しよう」とか耳にすることがあります。主体性とは自分から進んで物事に取り組む力をいいます。そして，それは指示を待つのではなく，自らやるべきことを見つけて積極的に取り組むことといえます。

この主体性を身につけることの何より一番の成果は，その人にとっては「それがおもしろい」ことになります。毎日の取り組みが「おもしろい」のと「なんとなく流されてやっている」のでは，結果がどう違ってくるかを考えてみれば明らかです。

では，どうしたらこの主体性をもつことができるでしょうか。日ごろ必要な心構えを3点あげておきます。

① あいさつを大切にし，自分から話しかける
② 自分の目標と集団の目標を意識する
③ 今起きている問題の原因が自分のほうにあるという可能性を考える

日ごろからこうしたことを意識しておいて，たくさんの経験を

し，そしてフィードバックをもらうことが役立ちます。

2　エクササイズ　「自分の強みって？」

自分の良いところ（個性，強み）を見つけて，それがどのように活かせるかを考えます。

● 進め方 ●

〔まず，1人で〕
① ワークシートの質問1.と2.を考えて記入します。
　　質問1.の答をできるだけ多く書くとやりやすいです。

〔4人1組のグループになって〕
② 各自で自分が質問1.と2.に記入した内容を発表します。
　　ほかの人の発表からは自分へのヒントを見つけてメモ欄に書き込んでおきます。

〔その場で1人ひとりが〕
③ 質問1.と2.に自分が書いたことと，ほかのメンバー発表のメモを参考にして，質問3.に答えます。

〔再び4人1組のグループになって〕
④ 質問3.の記入内容を各自が発表，その後グループで主体性を高めるにはどうすべきかを話し合います。

ワークシート　　　　　　　　　　　　　　　　　　　　　　　　　　（主体性）

自分の強みって？

1. あなたの「個性」（強み）をあげてみてください（できるだけ多く列挙する）。

2. その強みで「主体性」を発揮するのにどのように活用していますか？

3. 活用できていない「強み」をどのように活かしたいと思いますか？

4. グループ内で話し合ってみましょう（ほかの人からもヒントを得てください）。

メモ（ほかの人の考え・意見などポイントをメモする習慣をつけましょう。）

© 株式会社ヒューマンリソース『社会人基礎力養成演習テキスト』

21 経済を学ぼう

Tさんは一人暮らしの大学生です。最近気になることは、コンビニやスーパーに行って食品の値上がりが目立ってきたことです。100円のカップラーメンがいつの間にか、135円になっていました。また、バターを買おうと思ったら売り切れで、すぐには入ってこないと言われました。マイカー所有の友だちも、ガソリン代がこんなに上がったら、車を売って、鉄道やバスに乗ることにしようと言っています。ついこの間まで企業は市場空前の収益で、バブル崩壊以降耐え忍んできた日本経済もやっと軌道に乗りはじめたといっていたはずです。いったいどうなっているのか、理由がわかりません。

1　日本経済と世界経済の実態

世の中の仕組みは、政治、経済、社会の出来事がかたちづくっているといえます。なかでも経済は一番重要です。

(1) 日本経済の実態

経済の規模を表わすいわゆる経済指標というのがあります。日本は2006年度の数字で、**GDP**（国内総生産）512兆円（名目），**GNI**（国民総所得）527兆円です。これを前年のGDP／GNIと比べたのが経済成長率で、2006年度が2.5／2.0％（実質）に対し、2007年度は1.6／1.0％（実質）でした。

経済は、好景気不景気が交互にくるといわれています（景気循環）。それを計る指標としてGDP／GNIのほかに鉱工業生産指数、景気動向指数、GDPデフレータ、日銀短観などがあります。

Tさんがこぼしているように、ものの値段が上がったり下がったりするのは需要と供給の関係が変化するからです。この両者の関係が、うまくバランスがとれているときは景気は動きませんが、

> GDP／GNI　GDPは、国内で一定期間内に生産されたモノやサービスの付加価値の合計額のこと。いっぽうGNIは、国内に限らず日本企業が海外支店等で生産したモノやサービスの付加価値や所得も含んでいる。現在は国内の景気をより正確に反映する指標としてGDPが重視されている。

どちらかが多すぎたり，少なすぎるとインフレ，ハイパーインフレ，ディスインフレーション，デフレスパイラル，スタグフレーションが起こってきます。

　第二次世界大戦後すぐの日本は，ものもお金もない状態からスタートしましたが，すぐにハイパーインフレが起こり，1949年のアメリカの占領軍政策によりデフレが発生，その後特需景気，所得倍増計画，東京オリンピック，高度成長政策と続きました。成長率が落ちるとさまざまなギアチェンジをすることにより，全体的には好景気となりました。その頂点は，1980年代のバブル発生です。資産インフレが発生，日本政府はバブル潰しのため，1989年より日本銀行（日銀）の5回にわたる公定歩合の引き上げなどの対策を打ち出しました。株価も1989年末の3万8915円の最高値から下落し，1990年から不動産取引も激減し，地価も下落に向かい，さしものバブルも弾けました。

　1991年を境に景気も冷え込みはじめ，資産価格は毎年下がりつづけ，金融機関は莫大な不良債権をかかえ，政府は景気対策を打ち出しました。日銀による，公定歩合の引き下げが1991年より12回に及び，2001年9月には0.1％まで下がりました。度重なる政府の財政出動も総額100兆円に及びましたが，成果は上がらず，結果として財政赤字の拡大を招き，後年「失われた10年」とまでいわれることになりました。

　その間，わずかに景気がもち直す兆しを見せたものの，1997年の橋本内閣による財政立て直しのための消費税引き上げや，特別減税の中止，医療費自己負担増などの政策の転換は性急過ぎたためか，景気をさらに悪化させ，深刻なデフレ不況を引き起こしました。

　金融システム保全のための金融機関への公的資金注入は総額10兆円に達し，破綻処理分を含めた総額は2002年末までに24兆円にのぼりました。それでも不良債権の処理は遅々として進まず，政府は「金融再生プログラム」により，2005年までに主要行の2001年度末の不良債権比率の半減を要請しました。その成果もあり，2003年からようやく減少しはじめました。

ハイパーインフレ　物価がきわめて短期間に数倍，数十倍に騰貴する激しいインフレをいう。1949年には戦前と比べ200倍を超えるハイパーインフレが起こっている。

ディスインフレーション　物価上昇率（インフレ率）が低下し，インフレが収束した経済状態をいい，物価上昇率がマイナスになるデフレとは区別される。略してディスインフレとも呼ばれている。

デフレスパイラル　デフレ状態が次々と連続して，らせんを描くように景気が低迷し，物価が下がり続けることをいう。

スタグフレーション　不況下のインフレと訳されるが，Stagnation（不景気）と（Inflation（物価騰貴）の複合語である。経済活動が停滞しているにもかかわらずインフレが続く状態をいう。

(2) 世界経済の実態

　世界経済のキーワードは，1990年代までは「経済の国際化」(Internationalization) といわれてきましたが，21世紀は「経済のグローバル化」(Globalization) でしょう。市場経済を通じて世界は手をつなぎあっているのです。言い換えれば，メガコンペティション（国際大競争）＝ボーダーレス化（国境がなくなる）の時代といえましょう。1989年のベルリンの壁崩壊後，共産圏諸国の市場経済化による参入が引金となり，貿易が世界中をめぐり，世界の国々はそれまでに比べ，格段の繁栄を享受するようになりました。その結果，半鎖国社会主義を取ったアルバニアや北朝鮮は経済的苦境に陥っています。

　現在の世界経済を象徴的，かつ簡略化して表現すれば，中国がモノをつくり，アメリカが買って使い，産油国がお金を供給してきたということになるでしょう。

　世界経済における日本の総合商社のビジネスを一口で表すと，かつては「ラーメンからミサイルまで」，今や「ラーメンから星（人工衛星）まで」といわれています。

　ロシアやインドネシアなどから輸入していた石油やガスなどのエネルギー資源や，オーストラリアやブラジルなどから輸入していた鉄鉱石や石炭などの鉱物資源に関しても，それら資源の埋蔵国の採掘プロジェクトに初期段階から投資，参加していた商社にとって昨今のエネルギー・資源の高騰は収益に大いに貢献しているといえましょう。

　また，2001年のアメリカのエンロン社の倒産事件や2006年の日本の監査法人中央青山ほかの不正監査事件により，世界の企業の実態を数字で表わしたり，企業が所有する株式や特定金銭信託他金融商品を時価評価したり，情報の充実を図ることにより，連結決算をベースにした情報開示のためのキャッシュフローを作成するなどの会計基準を同一化する動きが出てきています。

　現在，世界で代表的な米国会計基準と欧州の国際会計基準 (IAS：International Accounting Standards) がありますが，日本は国際会計基準を採用することが決定されています。

参考図書

『世界経済入門』（西川潤，岩波書店）

『面白いほどよくわかる最新経済のしくみ』（神樹兵輔，日本文芸社）

『経済指標はこう読む』（永濱利廣，岩波書店）

2　自分のおかれた環境を把握する

(1) 日本経済について

　2008年には日本経済の減速が確定的となったため，政府の金融政策，財政政策，為替政策の策定が急務となりました。

　原油値上がりがようやく収まりましたが，ガソリン暫定税率や，小麦，とうもろこし，大豆等の穀物をはじめとした食料品のいちじるしい値上がりをどうするのか，インフレ対策に結びつけるのかどうかも問題です。

　財政赤字，消費税値上げ，年金支給にかかわる問題，健康保険・介護保険問題，高齢者医療問題，雇用問題，少子高齢化問題など政府が打たねばならない対策はたくさんあります。また，社会保険庁をはじめとした各省庁の職員による数々の不正，失態状況をどのように是正するのかが問われている。

(2) 世界経済について

　上海株式市場の大暴落は一日にして世界の株式市場を駆け巡り，世界同時株安を引き起こし，元に戻るのに1ヵ月以上要しました。2008年，アメリカに端を発したサブプライムローン問題による金融危機は欧米諸国の経済を急激に悪化させました。これら先進諸国の経済収縮により，アメリカを抜いて日本の最大の輸出国になった中国をはじめとする，BRICs（ブラジル，ロシア，インド，中国）やVISTA（ベトナム，インドネシア，南アフリカ，トルコ，アルゼンチン）などの新興国の好景気にも陰りが出はじめました。2009年以降の世界経済見通しは今後景気停滞と不良債権処理の負の連鎖により，大きく下方修正させることになりそうです。

　世界の貿易をめぐるWTOと個々の地域統合のFTAやEPAの進捗状況はどうなるのか，今後の経済情勢の変化に注目しましょう。

FTA　WTOでは交渉参加国すべてが同じルールを適用されることが条件となっているため，各国の利害が絡み合い，ラウンドの合意に時間がかかる。こうしたWTOの交渉難航を補完するかたちで2国間や特定地域の複数国間で締結するFree Trade Agreement（自由貿易協定）をいい，関税撤廃など自由貿易のための協定である。

EPA（Economic Partnership Agreement：経済連携協定）貿易や経済関係全般（人，モノ，金，サービスについて結ぶ協定で，締結後に貿易額や投資額の劇的な増加が見込める。

22 働き方を理解しよう

アルバイトとしてあるチェーンレストランで働いているEさんは、職場の雰囲気にも慣れ、自分でも顧客にサービスする喜びを感じています。少しでも親の仕送りの負担を減らそうと働きはじめたのですが、親の仕送りにアルバイトで稼いだお金を足すと結構金銭的にも余裕があります。Eさんにはどうしても取得したい資格があり、その資格を活かして就職をしようと考えています。

したがって、卒業までに資格が取れなければ、このままアルバイトを続けて資格取得に専念しようと考えています。

1 雇用実態を知る

(1) 経済のグローバル化と競争激化

正社員、契約社員、パートタイム社員、アルバイト、派遣社員などさまざまな雇用形態の働き手が企業内に存在するようになりました。経済のグローバル化が進むとともに日本企業も変質が迫られています。競争は単に日本国内の同業他社だけではありません。**人件費**もできるだけ抑えたいのが企業側の本音です。すなわち、人件費を企業の繁閑に合わせて変動させることが経営の課題になります。そこにさまざまな**雇用形態**が発生する理由の1つが生まれます。今では被雇用者の3分の1が正社員以外の労働者（非正規雇用）で占められるようになってきました。

(2) 多様な働き方

いっぽう、フルタイム労働に従事することができない事情の人たちにとっては自分の都合に合わせた労働時間を選択できるパートタイム労働やアルバイト労働、さらには期間を定める派遣社員・契約社員という働き方が選択できることは、働く人の側のニーズにも合致するという側面を見逃すことはできません。仕事よりも

人件費 売り上げに応じて変動する費用を変動費といい、売り上げに関係なく一定額発生する費用を固定費という。前者の例として、原材料費が、後者の例として減価償却費や正社員人件費がある。

雇用形態 総務省の発表（労働力調査平成20年1～3月速報）によれば雇用者は5108万人で、正規従業員は3371万人と前年同期比22万人減少している。これに対し、パート・アルバイト、派遣社員、契約社員等の非正規従業員は1737万人と前年同期11万人増加し割合は34.0％となり2期連続の上昇となっている。

趣味や自分のライフスタイルを大切にしたいという人たちもいます。したがって多様な働き方の出現はあながち否定すべき側面ばかりではありません。

(3) 人事システムの変質

高度成長経済の時代には**終身雇用，年功序列，企業内労働組合**という3つのシステムが有効に機能して企業の人事システムを支えていました。当該企業の求める人間像に企業自身がつくり上げていくために教育を施し，当該企業のなかに囲い込んで人材を確保するという方法は，均質な人間や一定の能力を保証するという意味では有効な方法でした。しかし，それは時間も金もかかるシステムで，スピードや効率性を要求されるグローバル経済時代にマッチしなくなってきました。また，バブル崩壊後にリストラと称する人員削減などが頻発して終身雇用というシステムも，年功序列という能力考課・業績考課のシステムも，企業内組合という会社と組合員との利害を調整するシステムも機能不全に陥ってしまいました。

(4) 企業と人の関係

今では企業のなかにも，チャンスがあれば転職しよう，自ら起業しよう，キャリアアップのために留学しようと考える人は少なくありません。企業の側でも企業の求める能力の人を外部から求めることに抵抗がありません。このように企業と個人の関係も変質してきました。両者の関係は従来の親子関係にも比すべき日本型労使関係から自己責任を背景にする欧米型に良くも悪くも変質しています。

(5) フリーター・ニート問題

見逃してならないことは，若年層に見られる，**失業率**の高さです。確かに多様な働き方が選択できるようにはなりましたが，若年層が積極的に正社員以外の雇用形態を選択するケースはまれであり，消極的な選択の結果であるケースが大半です。その背後には依然として高い失業率や若年者の離職率の高さ，職業意識の希薄化などがあげられます。フリーター，ニートが社会問題化し再チャレンジ制度の発足など諸々の対策が取られはじめました。

終身雇用 学校卒業後，ただちに企業に入り定年までそこに勤務する雇用形態をいう（『ビジネス・経営学辞典』中央経済社）。

年功序列 賃金および昇進等，従業員の処遇を年功すなわち同一企業における勤続年数を基準として決定する方法をさす（『ビジネス・経営学辞典』中央経済社）。

企業内労働組合 企業を1つの組織基盤として形成される労働組合で，企業の存続と労働組合が運命をともにせざるをえない関係にある。このほかに職種別組合，産業別組合がある（『ビジネス・経営学辞典』中央経済社）。

失業率 厚生労働省が2006年4月28日発表した2005年度年間完全失業率は全体で4.3％なっているが15～24歳までが8.4％（男性は9.6％，女性は7.4％），25～34歳までが5.4％（男性5.1％，女性5.9％）と若年者の雇用情勢が厳しい状況になっている。

2 キャリアの多様性を知る

(1) 能力・動機・価値観

人にはさまざまな可能性があり、その生き方は一律ではありません。

自分自身のキャリアをデザインするとは、自分の能力・才能、自分の動機・やりたいこと、自分の**価値観**を生涯にわたって問い続けることにほかなりません。最初に就職した企業で職業生活を全うする人もいれば、転職を繰り返して、自分の天職といえるものを見つける人もいます。自分のデザインしたキャリアとて決して直線の一本道ではありません。さまざまな岐路があり、そのたびに決断を迫られ、自分自身で選択し、結果の良し悪しはすべて自分の身で引き受けるのです。そうすることによって漠然としていた能力や、やりたいことそして自分は何をやっているときが一番充実感を味わえるかもだんだんはっきりしてくるでしょう。

キャリアとは職業生活だけをさすものではありません。退職したあとであっても、社会といかにつながっていくかというテーマが存在します。そう考えると能力・動機・価値観は一生つきまとう問題かもしれません。

(2) 仕事の意味・目的

競争社会のなかで生き抜いていくことはただでさえ大変なのに、それが世界的な規模で行われるとあれば、これからの企業社会はさらに大変だということになります。たしかに、資源や原油といった問題も、高齢社会の到来も、地球温暖化問題も企業経営によい材料とはいえません。たとえ起業したとしても、この環境から抜け出すことはできません。このなかで私たちは生きていくしかありません。

社内の出世競争に身を投じて腐心するのも、その人の価値観ですし、よい仕事をしたい、仕事を通じて社会に貢献したい、自分が充実感を味わえる仕事を通じて自分が成長したいと考えるのもその人の価値観です。出世は、むしろよい仕事をした結果にすぎないと考えられますが、よい仕事をするためには、時の運や巡り

フリーター 厚生労働省の定義によれば「年齢15～34歳の卒業者で、勤め先における呼称がパート、アルバイトである者（女性については無配偶者に限る）」をさす。したがって、学生アルバイトや主婦のパートタイマーは除かれることになる。

ニート（NEET） 厚生労働省の定義によれば、「学校に通っておらず、働いてもおらず、職業訓練も行っていない者」であるが、15～34歳までの未婚の者で職に就いておらず、学校にも行っておらず、職業訓練も受けていない人をニートということになる。フリーターとちがい職業についておらず、教育・訓練などの就職に向けた活動を行っていないので社会問題化している。

価値観 対象に対する個人個人がもっているものの見方や判断の基準による主観的評価をさす。仕事についての価値観とはどういうことに価値ややりがいを感じるかということになる。

合わせも大いに影響します。27で説明しますが，会社にはさまざまな組織があり，組織の力の集積が企業の業績になります。

　組織は人によって構成されていますから，人の力の積み重ねこそが企業活力の源泉です。そこで働く人のそれぞれの役割は異なります。全員が社長になれるわけでもありませんから，仕事本位に考える必要があります。それぞれの持ち分で，それぞれが十分な能力を発揮することこそ企業が勝ち抜いていくことであり，企業社会で個人が生き抜いていくことだと確信します。

3　資格を活かした仕事

　第1に取得しようとしている資格がどのくらい社会に通用するものか，既資格取得者や先輩に聞いてみる必要があります。第2に資格取得の可能性です。ここは冷静な判断が必要です。両方の条件がYESでない限り，冒頭の事例のようにアルバイトを続けることは得策とはいえません。責任ある仕事をアルバイトや契約社員・派遣社員に任せることはまれです。その結果，仕事上の能力が大きく向上するということはあまり期待できません。仕事を通じて得る達成感や充実感，自己実現感はどうしても低いものになります。冒頭の事例の判断はきわめて重要なものであることを知らなければなりません。

就職に活かせる資格
語学関連ではTOEIC®テスト，実用英語技能検定など，PCスキル・IT関連ではマイクロソフト・オフィス・スペシャリスト，初級システムアドミニストレータなど，ビジネス・法律関連では秘書技能検定，ファイナンシャルプランナー，宅地建物取引主任者，国内・総合旅行業務取扱管理者などが人気である。

フリーター三類型

モラトリアム型	やりたいことを探したい，正社員になりたくないなどの理由からフリーターになったタイプ 2002年調査47%，2006年調査44%
やむを得ず型	正社員になれない，または家庭の事情などでやむなくフリーターになったタイプ 2002年調査39%，2006年調査31%
夢追求型	仕事以外にしたいことがあるため，当面の糧を得るためにフリーターになったタイプ 2002年調査14%，2006年25%

（労働政策研究・研修機構2006年調査「大都市の若者の就業行動と移行過程」による）

23 グループワークⅤ 自分から働きかける

皆さんは「あのときああしておけばよかった」と思ったことはありませんか。ついつい躊躇してしまったというのは，誰もがもっている経験です。

コミュニケーション能力が重要視される現在，この働きかけがうまくいくかどうかは，人間関係や人生の行方にも大きな影響を及ぼすといえます。

1 他人に働きかけ巻き込む

誰でも，1人ではできない何かを集団や組織でやり遂げた経験があると思います。お互いにまわりの人に働きかけ，巻き込んでチームプレーによって達成したわけです。これが，働きかけ力で，リーダーシップ発揮の大きな要素ともいえます。

働きかけ力には，誰に（人間関係），何について（テーマ），どのように（コミュニケーション・スキル）と3つの要素があります。

「誰に」は，いろいろな人とうまくやっていけるように日ごろから自分なりの人的ネットワークをつくっておくことが大切です。

「何について」は，興味を広くもつことです。情報を集めて自分なりに考える，そうした態度が新しい企画や提案につながります。

そして「どのように」は，まわりの人から聴く，そして話すが役立ちます。相手の気持ちに目を向けて会話する姿勢を身につけましょう。

では，どうしたらこの働きかけ力が養われるのでしょうか。日ごろから心がけておく点を3点あげておきます。

① 人と接する場を増やす
② その場での意見交換を大切にする

③ メモをとる習慣をつける

　日常生活での積極姿勢がこの働きかけ力の強化につながります。人と交わる勇気こそが大切です。

2　エクササイズ　「皆さん，ありがとう」

　自分はどんな人たちに囲まれているのでしょうか。改めて考えてみましょう。

● 進め方 ●

〔まず，1人で〕
① ワークシートに，あなたの人的ネットワークのマップを描きます。イニシャルやニックネームでも構いません。できるだけ多くの人を思い出して記入します。

〔3人1組のグループになって〕
② 1人ずつ順に，自分のマップを説明します。
　　ほかのメンバーはくくりごとの人数が自分と比較してどうかを意識して聞きます。
③ 全員の発表が終わったら，自分はどういう人脈を増やしたいのか，それをどうやって実現しようと考えるのかという課題と夢を記入します。
④ 再度順番に，記入した課題と夢を発表します。
　　ほかのメンバーは夢実現へのアドバイスがあれば教えてあげます。

94　ステージⅡ　ライフデザインを考える…未来へ向けて現実を知っておこう！

ワークシート　　　　　　　　　　　　　　　　　　　　　　　（働きかけ力）

皆さん，ありがとう

●あなたの人的ネットワークのマップを描いてみましょう

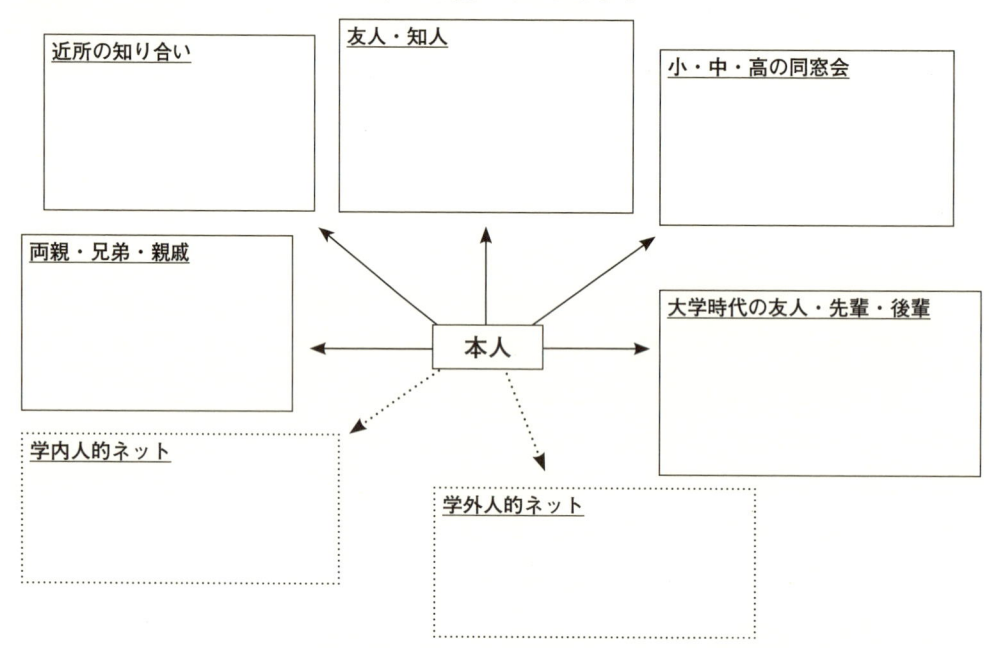

| 近所の知り合い | 友人・知人 | 小・中・高の同窓会 |

| 両親・兄弟・親戚 | 本人 | 大学時代の友人・先輩・後輩 |

| 学内人的ネット | 学外人的ネット |

（注）　実線の箱内にはこれまでの人的ネットワークを名前で記入する。
　　　　点線の箱内にはこんな人と人的ネットワークをつくりたいという人を記入する。
（仕事の分野，趣味，性格）

●あなたの人的ネットワークのマップづくりの課題と夢を書いてください

Ⓒ 株式会社ヒューマンリソース『社会人基礎力養成演習テキスト』

24 就職するとはどういうことだろうか

　Oさんは就職内定を3社から取りつけました。一社は名のとおった上場企業で高給で有名です。業種は製造業で **B to B** となります。もう一社は上場をしていませんが中堅企業で給与水準も業界平均並みです。業界は情報産業に属します。残る一社は比較的設立して日の浅い介護器具製造・販売の会社です。給料はほかに比べて高いとはいえません。高齢社会の現在，同社の器具には将来性がありますが，まだあまり知られていません。皆さんならどうしますか。

B to B Business to Business の略で企業から企業への取引をさす。原材料や素材メーカーの取引は主にB to B 取引だが，家電販売店はその販売先が主に個人を対象としているからB to C（Business to Consumer）となる。

1　与えられた人間関係のなかで一日の大半をすごす

　学校生活は小学校以来約15～6年ありますが，企業人として約40年働くことと比較すれば短いものです。さらに学生生活には夏休み，冬休み，春休みなどありますが，企業に属すれば特別な場合を除き，そんな長い休みはほとんどありません。

　このように企業に所属するとは，かくも長い期間を自分では選択のほとんどできない人間関係のなかですごすことを意味します。

　したがって，まず第1に考えなければならないことは，ちょうど部活動のように同じ目的で集まっている人のなかの一員になることです。部活動がそうであるようにそのなかでは激しく競い合い，自己研鑽に努めなければなりませんが，みんな同じ仲間です。したがって，このなかに全然ちがう趣向や目的をもった人が入ってきても，その人には部活動は楽しめるものではありません。

　企業も人間の集まりであり社会を構成する1つです。したがって，いろいろな人がいるのは当たり前のことです。しかし，やはり企業目的や企業理念に納得していることが大前提になります。野球部にサッカーをやろうとして入ってくる人がいないように，自分の価値観とまったくちがう人たちのなかで働くことはおそら

40年働くこと　年金支給年齢を65歳に引き上げたことから，改正高年齢者雇用安定法によれば事業者は65歳までの安定した雇用を確保する義務が生じた。65歳まで働くと仮定すれば学校卒業後40年以上は働くこととなる。

く大変な苦痛でしょう。会社で働くとは組織で動くチームプレーが要求されます。

いつも野球がやりたいのにサッカーをやらされている人には毎日が苦痛かもしれません。そのうちにサッカーが好きになるかもしれませんが，はじめから好きで入ってきた連中に勝てるはずがありません。

2　自分が何に向いているかわからないという人へ

(1) 意思決定は自分の判断がベース

確かに職業に就いたことのない人に職業に対する価値観の確立を求めることや，業種や職種についての理解なしに自分の向き・不向きを知ることはむずかしいことかもしれません。

しかし，何もかもわかって決めるなどということが，今までの自分の経験でどのくらいあったでしょうか。

人間は，不確実な情報やデータをもとにして**意思決定**をしていることを理解しなければなりません。日々の天気予報すら，傘を持っていくか，いかないかは，自分で決めるしかありません。予報を信じて傘を持っていっても降らないケースや，持っていかずに降られるケースなど，すべて予報に対する自分の判断の結果です。確かに情報やデータは必要です。しかし何を信じ，何を選択するかは自己の意思決定です。このことをまず認識してほしいと思います。また，この場合の結果については傘の有無ほどにははっきりと白黒がつくものではありません。何よりも自分の努力次第で，結果はいかようにも変えられるという点で傘のケースとはちがいます。むしろ，どの職業を選択しようが選択後の努力のほうが結果を左右する要素は大きいかもしれません。

(2) ポジティブ・チョイスとネガティブ・チョイス

つぎにいえることは，選択にも2つの方法があるということです。1つ目は自分でやりたい仕事を選び出すポジティブ・チョイスです。2つ目はネガティブ・チョイスという考え方です。ネガティブ・チョイスは，自分にはこの職業は向いていない，こうい

> **意思決定**　複数ある案のなかから各案を評価し最適の案を選択する活動をいう。天気予報を聞いて傘を持っていくか否かも，昼食に何を食べるかも，本屋でどの本を選ぶかも私たちはほぼ過去の経験でもって直観的に判断しているが，判断の結果はすべて判断者に帰属する。

う仕事はやりたくないという，不向きな職業・仕事を列挙するやり方です。とにかく就職とは一社しか選べません。あまたある職業や仕事のなかから，たった1つを選択することは決してやさしいことではありません。絞り込んで選択するためには，「自分の好きなことをやる」と「自分のやりたくないことはやらない」の両方を使う必要があります。

(3) 選択の基準と絞り込み

このようにして対象を絞り込んでいくことで自分の希望分野というものがわかってくるはずです。「とにかく有名企業でなければならない」「一流企業でなければならない」といった「有名」や「一流」といった基準を使って絞り込むのも1つのやり方ですが，もっと自分中心の「自分の能力」「自分の好きなこと」「自分がやりたいこと」などの基準とネガティブ・チョイスを掛け合わせて自分のターゲットを絞り込むということが具体的・実際的だと思います。

3 就職するとはどういうことか

(1) 会社が求めること

皆さんは会社に何を期待していますか。給与ですか，仕事のやりがいですか，社会への貢献ですか。それとも専門知識や技能の習得ですか。このように，就職する側は自分が働くことによって会社から得るものに数々の期待をもっています。いっぽう，採用する側も，採用に当たってどのような期待をもっているか考えてみましょう。それは「会社のために役に立つ仕事をする」ということです。

どんなに個人の知識や技能が高かろうが，会社の目的や使命の達成に少しも貢献しなければ，それは役に立っていないのです。仕事の中身によって目に見えた貢献や数字が上がる仕事もありますし，長い時間を要する仕事や数字では表せない仕事もあります。それらの仕事の成果の評価についても，会社は十分な配慮と**評価システム**を一般的には構築しています。

企業には顧客のニーズを満たすという「社会的な使命」があり，

絞り込み 私たちは，多数の候補からただ1つを選択しなければならないというケースにしばしば直面する。たとえば，パソコンを購入するときには，少なくとも「性能」「価格」「デザイン」という具合に複数の基準を設定するだろう。このように，候補を絞り込んで最適な1つを選択するためには，基準を2つ以上設定することが絞り込みを容易にする。

評価システム 目標による管理（Management by Objectives and Self Control）は，ドラッカーが理念を提唱したもので仕事の目的や達成レベルを明確にして計画を策定し，それに沿って日々の仕事を効率よく創意工夫しながら遂行し，仕事のプロセスを検証しながら問題解決を図り，次の計画につなげていく仕組み。計画は自分でつくる点で押しつけ目標とは異なる。人事管理の手法として業績評価システムの一部をなしているケースが多い。

使命を果たすと、その結果利益が出る。その利益が企業の存続につながる。存続して使命を果たしていくことでさらに利益が上がるという循環をたどっていくことが、企業の発展を意味することになります（26 29 参照）。

会社での仕事は、この3つの循環のどれかに必ず該当するものです。人事部の教育の仕事は、企業の存続のために役立っているという具合に考えれば、利益に直接たずさわっていない部門でも会社に貢献していることがわかるでしょう。会社は企業の目的達成を常に問題にしています。就職するとは企業の目的達成に貢献することを求められているのだということを理解してください。

(2) 会社で働くとは

本章の「1 与えられた人間関係のなかで一日の大半をすごす」で述べたように、学生時代とちがって圧倒的な長さを会社の仕事につぎ込むことになります。それも自分で好きな友だちとチームを組んでいるのではなく、自分の選ぶことができないメンバーと仕事をしなければなりません。経営学上のテーマとして、有名な**ホーソン工場実験**というのがあります。工場での作業の能率を高めるための調査を行ったところ、照明の明るさといった作業条件が生産性の向上に影響を与えるというよりも、むしろ集団メンバーの人間関係が生産性に大きな影響を与えることが判明しました。

この実験でわかるように、ともに働く仲間から集団メンバーの一員として認められることや、そこへの帰属意識といったものが個人のモチベーションにつながるわけです。モチベーションには、金銭や昇進といった外的報酬のみではなく、他者によって満たされる称賛、承認といった精神的な満足や、自分の精神的な満足である達成感、成長の実感といったものにあることはホーソン工場実験以来わかってきたことなのです。

会社組織に属して一日の大半をすごすことは、自分の働きがいにまでつながる大きなテーマであり、仮にそのメンバーとしての帰属意識が欠如している場合や、組織のメンバーからともに働く仲間として承認されないような状態では、仕事はきわめて辛いものになります。しかし、まちがってならないことは、そこでの人

ホーソン工場実験
1924年から1932年にアメリカのウエスタン・エレクトリック社ホーソン工場で行われたもの。物理的な作業条件の変化が作業の生産性に大きく影響すると考えられていたが、実際にはむしろ職場内の人間関係に大きく依拠することが判明した。

モチベーション　「動機づけ」と訳される。人は何によってやる気が高まるかが問題だが、一般的には賃金が動機づけの要因だと考えられがちである。しかし、モチベーション理論によれば、それは衛生要因（その欲求が満たされれば不満は解消するが、なければ不満は高まるもの）であり、むしろ動機づけ要因は達成、承認、仕事そのもの、昇進、昇格、成長といった心の満足のほうであるといわれている。

間関係をよくすることが目的ではなく，よい仕事をするためには職場でのよい人間関係が基盤であるということです。

　そのためにも，同じ学生仲間だけのコミュニケーションにこだわらず，幅広い世代との意識的な交流や相手目線でものをみる見方を今からでも試みていくことが大切です。

memo

「私は企業に就職しない！」という人に

　皆さんのなかにはさらに勉学の道に進む人や，専門の資格を取得してそれを活かした仕事に就く人，さらには専門技術を身につけてその技術を活かす人，芸術活動に従事する人など，「私は企業には関係ない」と考えている人がいるでしょう。

　しかし，この章で学んだように，どの職業を選択しようが，基本的には社会的なニーズを満たして初めて存在が可能となることを忘れてはいけません。そのことは，企業の本質と変わることがないのです。くり返しますが，自分の好きなことをして，なおかつそれが職業として成立するのは「世の中の役に立つ」ことが大前提になります。企業とは，より大がかりにそのことを実行しているにほかなりません。

　また，どのような職業に従事しても，企業の存在を抜きに考えることはできません。資格を活かした仕事のお客様は個人もあれば，企業もあります。仕入先が企業の場合もあります。公務員になっても，企業の存在を抜きに仕事をすることはできないでしょう。

　芸術活動すら，企業の援助やスポンサー活動から成り立っている場合もあります。レオナルド・ダ・ヴィンチやミケランジェロの芸術活動はメディチ家という銀行業で財をなした一家のスポンサー活動があればこそ成立したといわれています。

　企業の存在は，私たちの生活に必要不可欠なものであり，その影響は大きいのです。サブプライムローン問題に端を発した金融危機問題は，世界的な規模で波及し，その結果，世界的な不況問題を惹起することになりました。このように，企業のふるまいが個人の生活に大きな影響を与えることからみても，私たちは企業のあり方に無関心であってはならないのです。

25 業種を知ろう

Iさんは企業研究の対象として自分の身の回りに目につく，化粧品，**アパレル**，食品，旅行，百貨店などの会社を対象に考えています。自分が日常的に接している製品・商品を扱う企業ならば自分で研究の対象にしても理解が容易であり，就職に結びついたときも自分がそれらの製品・商品を扱ってもむずかしくないと考えたからです。

アパレル（Apparel）
服装，衣服，装いをさすが転じて既製服メーカーをアパレルと称する。

1　TV・コンビニで目にするのはほんの一部

(1) 生産財と消費財

　商売の対象となるものは，物質的・精神的になんらかの効用をもっている有形なものを「財」，無形のものを「サービス」といいます。財にはおおまかにいって生産財と消費財があります。

　私たちが日常的に接している製品・商品は個人が日常生活の消費に使うもので消費財（含むサービス）といわれています。いっぽう，生産財といわれるものは企業が製品やサービスを生産するための原材料，機械，設備などをさします。私たちが日常的に目にしているものはほとんど消費財なのです。

(2) 業種区分

　新聞を読むと経済欄に株式市況のページがありますが，その株式市況に載っている企業名を見ると，日ごろなじみの企業名が出てくる業種もあれば，ほとんどの企業名になじみのない業種も出てくるはずです。これらの企業は，主に生産財を扱っている企業といえます。この株式市場に上場している企業の分類は，日本標準産業分類の大分類を基準として，証券コード協議会の定める業種区分が用いられています。この区分では33の業種が定められています。株式市況のページを見るだけでも，TV・コンビニで目にする企業はごく一部であることに気がつくでしょう。

（3）産業発展の歴史

発展の歴史に沿って産業を分類する考え方があります。
- 第1次産業―水産，農業，林業
- 第2次産業―製造業，建設業，電気・ガス・水道
- 第3次産業―情報・通信，金融，運輸，サービス業

基本はこの三区分ですが，最近では学術研究・発明発見・著作権といった**知的財産**関連をを第4次産業と呼ぶ人も出てきました。時代の要請に応じた産業の発展がこの分類を見ればわかりますが，就職も時代の要請に応えた人の流れとなっています。戦前は石炭産業，鉱業，繊維産業が産業の基幹でした。そして戦後は，三白景気という時代がありました。三白とは砂糖，セメント，**硫安**を

知的財産 知的財産基本法第2条では「知的財産とは，発明，考案，植物の新品種，意匠，著作物その他の人間の創造的活動により生み出されるもの（発見又は解明がされた自然の法則又は現象であって，産業上の利用可能性があるものを含む．），商標，商号その他事業活動に用いられる商品又は役務を表示するもの及び営業秘密その他の事業活動に有用な技術上又は営業上の情報をいう」と規定されている。

硫安（硫酸アンモニウム）岩波国語辞典によると，アンモニアを硫酸に吸収させて製する白い結晶。化学肥料の1つ。

大分別民営事業所数および従業員者数

	事業所数	構成比	従業者数	構成比
全産業	5,911,118	100.0%	58,634,315	100.0%
農林漁業	21,677	0.4%	248,459	0.4%
農　業	15,779	0.3%	184,810	0.3%
林　業	3,126	0.1%	26,123	0.0%
漁　業	2,772	0.0%	37,526	0.1%
非農林漁業	5,889,441	99.6%	58,385,856	99.6%
鉱　業	3,026	0.1%	33,527	0.1%
建設業	548,861	9.3%	4,144,037	7.1%
製造業	548,442	9.3%	9,921,885	16.9%
電気・ガス・熱供給・水道業	9,079	0.2%	282,688	0.5%
情報通信業	59,436	1.0%	1,592,643	2.7%
運輸業	130,991	2.2%	2,914,126	5.0%
卸売・小売業・飲食店	1,604,688	27.1%	12,400,519	21.1%
金融・保険業	84,107	1.4%	1,429,413	2.4%
不動産業	320,365	5.4%	1,014,844	1.7%
飲食店・宿泊業	788,263	13.3%	4,875,468	8.3%
医療・福祉	351,129	5.9%	5,588,153	9.5%
教育・学習支援業	231,758	3.9%	2,939,730	5.0%
複合サービス	49,043	0.8%	706,584	1.2%
サービス業（他に分類されないもの）	1,118,554	18.9%	8,690,128	14.8%
公　務	41,699	0.7%	1,852,111	3.2%

（総務省統計局平成18年事業所・企業統計調査を集計）

さします。続いて高度経済成長期に入りの重厚長大産業の時代がきました。鉄鋼，化学，造船等の大型の設備を要する産業群です。そしてその後は自動車，精密機械などの輸出産業が時代を引っ張り，**軽薄短小産業**がもてはやされ，バブル時代には金融，IT産業がそして今は情報産業と呼ぶべき業種の時代といえます。また，輸入食糧価格高騰の問題ともおおいに関係があるのでしょうが，農業こそこれからの産業だという人もいます。

　このように見ていくと業種の盛衰は時代の流れであり，同じ業種であっても，時代に応じて顧客への対応が変わってきます。同じ小売業でも個人の酒屋，魚屋，八百屋，電気店の時代からスーパーマーケットやコンビニに，デパート，大型専門店・量販店へと**業態**は変化しています。

　なお，参考までに総務省統計局発行の産業別民営事業数及び従業者数の表を見ると，どの業種にどのくらいの人が従事しているかがわかります。卸売・小売，製造業，サービス業といった業種が全従業者の半分以上のシェアを占めています。

(4) 変化対応

　時代は常に変化していることが上記の推移から読み取ることができます。見てきたとおり，どの業種にも「絶対」はありません。これから就職を考えている皆さんにいえることは，どの業種を選ぼうが，どの企業に属そうが常に顧客の声を聞く，マーケット中心の姿勢こそが生き残っていくために必要だということです。顧客を第一に考える姿勢は変化に対して敏感です。小売業を変化対応業と規定した経営者がいましたが，これは小売業にとどまりません。全産業にいえることなのです。

2　大人から聞く習慣をつける

(1) 過去の経験を聞いてみる

　簡単に産業の発展史をみましたが，石炭会社はその後石油会社にとって代わられました。しかし，この原油価格高騰の時代を迎えて，再度石炭が見直される時代を迎えました。このように時代

軽薄短小産業　「重厚長大産業から軽薄短小産業へ」と1つのキャッチフレーズのように使われた。1980年代半ばから産業構造の転換が叫ばれ，その象徴が自動車，電化製品，コンピュータといった軽薄短小に表わされる産業群であった。

業態　小売業や外食産業で使われる言葉。何を売っている店かを表す商品縦割り分類の業種（肉屋，八百屋，酒屋など）と，顧客の要求にどのように対応するか，どのような売り方をするかに力点をおいた販売形態を業態（スーパーマーケット，コンビニなど）と呼ぶ。

の変化が企業に多大な影響を与えることを経験しているのは，身のまわりにいる大人たちです。これからの時代がどう変わるか予測することができるなら株式市場で大儲けできるでしょうが，高名な経済学者が高度な数学を駆使してコンピュータで計算してもわからないものです。ただ，過去に何が起きたかは，それこそ皆さんの身のまわりにいる大人たちが経験していることです。

　そして，そのときどのような個人的な影響があったか，そのときどのように対処したかを知ることは，将来何が起きるかわからないといってためらうことの無意味さを教えてくれます。高度経済成長時代はどのような経験をしたか，**石油ショック**のときはどうであったか，企業はどのようにして難局を乗り切ったか，高度経済成長が終わって，**内需拡大**が叫ばれたとき，企業にいた大人たちはどのような経験をしたか，企業はどのような対応をしたか，さらにはバブル経済の時代はどうか，バブル崩壊後にどのような経験をしたかを聞いてみてください。個人的にもいろいろな業界で働いた，あるいは働いている大人たちがあなたの身のまわりにいるはずです。その人たちがそれぞれの業界や業種についてどのようにみているかを聞いてみてください。すべての業種を網羅することはできなくても，かなりの数に上る業種について聞くことができるでしょう。

(2) 異文化交流とは

　大人にものを聞く習慣をつけることは，企業社会においてすぐに役に立つものの1つです。学生時代は同質な仲間たちと共通のテーマについて気楽に話し合ってはいますが，年上の大人たちと深く話し合った経験はほとんどないはずです。しかし，企業に入ることとは，年齢も育った時代背景もまったく異なる大人たちと組織を組んで仕事をすることなのです。皆さんに経験のある学園祭の運営すら，わずかに年齢の異なる連中との意思疎通は結構苦労したはずです。その苦労の数倍の苦労を味わうはずです。敬語も使えなければならないし，自分の云わんとすることをうまく要領よく相手に伝えなければならないし，相手の意図も正確に理解しなければなりません。ポイントはメモをしなければなりません。

石油ショック　1973年10月の第4次中東戦争をきっかけに，OPEC加盟のペルシア湾産油6カ国が原油公示価格70% upと生産削減非友好国への禁輸を発表した。これにより日本経済は大打撃を受け，高度成長経済にピリオドを打つことになった。トイレットペーパーや洗剤の買い占め騒ぎが起こり，社会問題化した。これを契機に省エネ対策が真剣に取り組まれることになった。

内需拡大　1980年代に入ると日本の経常黒字額が目立って膨らんできたために，自国の貿易不均衡を是正するためにアメリカからは内需拡大が強く求められた。このため内需拡大，産業構造の転換などが盛り込まれた前川レポートが発表され，その後の政策はほぼこのレポートに沿ったものになった。

その訓練を意識的に学生時代にするためには，まわりの大人にいろいろと質問をして教えてもらうことが最適なのです。適当な相手がいないなどといってはいけません。両親，親戚，学校の先生，先輩，そのほか誰でもかまいません。

異文化コミュニケーションという分野がありますが，外国の人たちとのコミュニケーションに限らず，世代や価値観のちがう人たちとのコミュニケーションも意識的な訓練が必要です。

(4) スキルの向上とは

異文化コミュニケーションには意識的な訓練が必要だといいましたが，現場である能力を発揮しようとしたときに，頭のなかでどんなに深くそのことを理解していようが，実際には役に立たないことを皆さんはたびたび経験しているでしょう。野球でもピアノでもある技術を獲得しようとしたら，つぎのステップを踏む必要があります。

① スキルについての情報を頭で理解する期間
② 手本と同じ動きを意識的に繰り返し行う技術習得する期間
③ 無意識に正しい動きができるようになる技術獲得する期間

幅広い世代とのコミュニケーション技術を獲得したいとしたら，やはりそのための練習や実戦が必要です。「場数を踏む」という言葉があります。実戦を多く経験して技術をものにすることを意味していますが，まさに場数を多く踏むことを勧めます。

スキル 生まれもった才能や能力を，教養や訓練で向上させた技能のことをいう。

memo

26 企業を知ろう

Kさんはインターンシップで，ある専門商社に行きました。営業部門に配属され，営業部員と一緒に客先企業を訪問して具体的な商談を横で聞くことができました。外出が続き，専門用語や業界用語が飛び交う話をひたすら聞く日々をすごし，段々と業界や当該インターンシップ先の理解が進みました。商談を通じて必ずしも商売が成立したわけではありませんが，なぜこのような活動が行われているかよくわかりました。

1 企業とは何か

(1) 会社は人の後に立つことが出発点

　子どものころ，それこそ毎日毎日朝早くから夜遅くまで会社に行って，お父さんやお母さんは一体そこで何をしているのだろう，と不思議に思ったことはありませんか。そもそも「会社とはなんだろう？」と思ったことはありませんか。株式会社，合名会社，合資会社，合同会社といろいろな種類の会社がありますが，これらを総称して企業と呼ぶことにします。企業とは，辞書では「営利を追求する経済単位で法人格を有する」などと規定されています。営利を追求するとは利益を求めるということであり，法人格とは，自然人である私たちと同様に企業の名前で商取引の当事者になりうることを表します。では利益を追求するとは，どういうことでしょう。私たち人間が集まって社会を構成していますが，人間は生きていくためには衣食住に代表される基本生活に欠かせない物質を必要とし，また情報，娯楽，輸送，安全といった目に見えないサービスを必要としています。さらには，人間だけではなく法人としての企業の活動のためにも物資やサービスを必要としています。ここに記した「必要とする」という言葉は，一般

企業　企業とは営利を目的に経済活動を行う独立の単位（岸田雅雄著『ゼミナール会社法入門』日経新聞社刊）。

法人　法人とは自然人以外のもので法律上の権利義務の主体とされているものをいう。法人にもさまざまな種類が存在する。公目的か，私目的かによる公法人，私法人かという分類もその1つである。また設立目的が公益か営利か，その中間かによる分類では，公益法人，営利法人，中間法人などがあるが本章でのテーマは営利法人を対象とする。

的には「ニーズ」という言葉で表されます。企業は，まさに「顧客のニーズ」を満たすことから始まっています。ニーズを満たした結果として利益がついてきます。ニーズを満たすことを企業の「使命」と呼びます。

(2) 企業の目的

目的と手段の関係で考えれば，利益が目的で手段が使命を果たすことと考えられます。さらに，利益はなんのために上げるかと考えれば，企業が存続するためといえます。こう考えれば，利益は存続のために必要だといえます。同じように，存続はなんのためと考えると，使命を果たすためとなります。こう見てくると，企業の目的が単に利益をあげることと考えるよりも，使命→利益→存続→使命の循環関係を築くことこそ目的だと考えるのが企業理解を容易にします。実例をあげてみれば，精肉の産地偽装事件は，偽装により一時的な利益はあげても，顧客のニーズを満たすという使命を裏切り，結果的には存続できなくなったのです。企業は利益を上げることだけが目的だと誤解した結果，顧客を裏切って一時的な利益は上げられても，存続できるような継続的な利益は上げられなくなったのです。法律違反があるかないかということより企業本来の使命が達成されなければ，企業は利益も存続もできないことを知らなければなりません。企業の使命はミッション，**企業理念**といった言葉に表されます。各社のミッションや企業理念はすべてニーズに応えて社会に役立つことを標榜しています。企業の出発点は使命の追求であることを何より証明するものだと思います。

(3) 企業の果たしているその他の役割

企業と社会のつながりについては上述の説明のとおりですが，そのほかに企業には株主に利益を還元する機能，社員と家族の生活や取引先の生活を支える機能，個人の**自己実現**をはかる場を提供する機能を果たしているといえます。しかし，これらの機能は上述の企業の循環関係の存続目的のためには教育や能力開発が必要であり，利益は株主に還元されるべきものであると同時に，社員とその家族の生活や取引先の生活を支えるためだと説明できます。

ニーズ ニーズとは欠乏を感じている状態をいう。たとえば空腹は何かの食べ物を必要としている状態だが，まさに食べ物にニーズがあることになる。

ミッション Missionの原義は使命，任務，役目，派遣などを意味するが，これから転じて社会に果たすべき使命をさす。

企業理念 企業理念とは，事業を通じて実現したいことは何かを表したもの。

自己実現 自己実現とはマズローの唱えた欲求5段階説の最終段階の状態をいう。人間の欲求は生存のための生理的欲求からそれが満たされることに，安全欲求，親和欲求（親や仲間からの愛情を得たいという欲求），自尊欲求（自分を認め評価してほしいという欲求），自己実現欲求へとより高次の欲求に移行するというもの。最終は自分の能力を最大限に発揮し，創作的活動や自己の成長を図りたいと思う欲求に移行するというもの。

2　企業の全容を知る

(1) 企業の組織とはどういうものだろう

　企業を理解することはなかなかむずかしいことですが，企業とは法人という「人」であり，自然人という「人」である私たちが生きていくためにする活動を模して考えると理解がしやすいと思います。人は人体組織からできあがっており，企業は企業組織からできあがっています。ちょうど，頭脳組織，神経組織，循環器，呼吸器，消化器，血液，手，足，耳，鼻，目といった人体組織が集まって「人」ができあがっているように，企業にも製造や営業を司る各事業部があり，ほかに企画部，広報部，宣伝部，総務部，人事部などの協力部門，管理部門といった組織が集まって，「会社」ができあがっています。これらの各組織が単なる寄せ集めではなく，全体として統一性のある動きをし，単なる寄せ集め以上の働きをするように仕組まれています。

　人が自分の各組織を円滑に運営するために頭脳組織，神経組織，血液などがあるように，人の集合体である会社という組織には，①共通目標（使命達成のための具体的方法），②コミュニケーション，③目的達成意欲の3つが大前提（**組織の3要素**）にあって成立しています。皆さんが会社に入社するということは，共通目標の理解，目標達成への意欲があることに加えてコミュニケーションをとれることが必要となるわけです。

(2) 企業研究の方法

　皆さんが企業の全容を把握することはかなりむずかしいことです。当該企業のホームページを調べると，ほとんどの企業が会社の概要として所在地，資本金，設立年月日，代表者名，業種や取扱品目といった情報を記載しているはずです。

　これで最低限必要な知識は得られます。そのほかに上場企業なら『会社四季報』（東洋経済新報社刊），『日経会社情報』（日本経済新聞社刊），『就職四季報』（東洋経済新聞社刊），『業界地図』（東洋経済新報社），『日経市場占有率』（日本経済新聞社刊），『日経文庫―業界研究シリーズ』（日本経済新聞社刊）といった出版物からか

組織の3要素　組織が成立するために必要なものとして，アメリカの経営学者バーナードが唱えた説。学園祭の実行委員会を例に考えてみれば，①共通目標…学生だけで学園祭を成功させるという共通の目標があり，②コミュニケーション…そのなかでは話し合いなど十分なコミュニケーションがとられており，③目的達成意欲…委員全員が成功の意気に燃えていることが組織として成立する条件だというもの。

なり詳しい情報が得られます。また，上場企業は財務省に**有価証券報告書**の提出が義務づけられています。有価証券報告書はインターネットでも閲覧が可能ですし，政府刊行物販売センターに行けば購入することも可能です。有価証券報告書には決算状況を含む企業の概況がかなり詳しく記載されています。そのうえで企業説明会に参加して企業側の説明を聞くのも1つの方法です。

(3) 社会や企業の動きを知る

　社会や企業の動きを知るためには，まず知的好奇心が必要です。知らないことやわからないことを放置しておかない好奇心や探究心を，ぜひ身につけてほしいと思います。そのために学生の皆さんにお薦めする方法は，新聞をまずよく読むということです。社会全体の動きを知ることは当然として，経済欄を見ると具体的な企業情報はもちろんのこと，景気の状況や新商品開発の情報，原材料市況，為替の情報，海外経済情報など，むずかしくて慣れない情報ばかりかもしれませんが，読み続けることが必要です。新聞は世の中の鑑です。いま，経済上で何が問題になっているかを知ることは企業を判断するときに大いに役立ちます。新聞でわからないテーマは，インターネットで調べればある程度理解できます。さらに詳しく知るためには関連書籍を求めて図書館に行くなり，買い求めるなりすればよいのですが，幅広く基本的時事問題を把握・理解するためには『現代用語の基礎知識』（自由国民社刊）やweb版『知恵蔵』（朝日新聞社），『イミダス』（集英社）といったサイトが役に立ちます。

　会社に入っても，はじめはわからないことだらけです。学生時代に養った調査力が役に立つのはそんなときです。これは誰に聞いたらわかるか，何を調べたらよいか，どこに行けば調べられるか，そんなノウハウを身につければ，仕事は次第におもしろくてしょうがなくなるはずです。

有価証券報告書　金融商品取引法務24条にて金融商品取引所に上場されている有価証券を発行している会社は事業終了後3カ月以内に有価証券報告書を内閣総理大臣（金融庁）に提出する義務を負っている。

27 職種を知ろう

Yさんはこれからの世の中は「資格」がものをいうといわれて「簿記2級」に挑戦しています。どんな会社にも必ず会計・経理という部や課はあるはずだから、資格を活かしてそこで働こうと考えています。いっぽう、Yさんはまだ具体的なアイデアはありませんが、将来独立して起業しようとも考えています。会計知識を売り物にして起業することは決して不可能なことではないと思いますが、もっとちがう分野で起業したいと考えています。そのためには社外の人と会う機会がもっと多い仕事のほうが将来のためにはなるのではないかと考えています。

1 世の中知らない職種だらけ

25の業種を知るでも説明したとおり、私たちが就職を考えるとき、とかく自分の経験の枠内で考えがちです。**雇用のミスマッチ**ということがいわれますが、安易に職業を選択し、入ればどうにかなると考えて入社したものの、自分が思ってもみなかった仕事をやらされて、いやで辞めたなどということは、企業・個人双方にとって不幸なことです。したがって、業種・職種の知識はきわめて重要な意味をもっています。

(1) 職種の分類方法

職種の分類には、一般的な決めごとやルールがあるわけではありません。企業ごとに決められているにすぎません。しかし、おおよそ一般的な概念を大きく逸脱して決められるということはありません。すなわち、大きく分けて、①仕事の中身や対象物による分類、②仕事の範囲や社内資格・等級による分類の2種類が考えられます。

雇用のミスマッチ 一般的には求人数と求職者数のアンバランスをいう。もともと数量的に求人者数が多い、求職者数が多いというアンバランスに加え、実務経験を要求するといった質的ミスマッチも発生する。

平成13年卒業者の退職率 (％)

	大学卒	短大卒
1年以内	15.1	18.1
2年以内	11.3	12.8
3年以内	8.9	10.5
計	35.4	42.3

(厚生労働省「キャリア形成を支援する労働市場政策研究会報告書」平成14年)

(2) 職業選択と職種選択

就職にあたってまず考えなければならないことは，業種で選んでいくか，職種で選んでいくかです。就職とは「職業に就く」であって，「会社に就く」ではないとはよくいわれる言葉ですが，新卒採用にあたっては，職種採用は理工系学生や新聞・雑誌などのマスコミ関係，さらには専門的な能力を要求される職種を中心に限られた職種が主体になります。いっぽう，特別な資格や技能・知識を保有していない普通の学生は，「会社に就く」ほうを選ばざるをえません。採用にあたっては当然本人の希望は聞かれますが，配属はそのときの当該企業の人員配置状況や企業の戦略によりますから，必ずしも希望どおりになるわけではありません。

(3) 仕事の中身・扱う対象に分類

職種を「仕事の中身や対象物による分類」に従って考えてみると，次のようになります。

仕事の中身・扱う対象	職　種
人	人事，労務，給与厚生，教育，研修
モノ	購買，製造，販売・営業，ロジスティックス，研究・開発
金	財務，経理，税務，外国為替，予算・決算
情報	システム開発，調査計画，企画，経営計画，法務，審査，広報，宣伝

ここにあげた職種は，ほんの一例にすぎません。26で説明したように業種は36種類もあり，それぞれの業種に固有の職種が存在します。ここでいえることは，同じ会社に勤めても，職種によって仕事の中身はまったく異なるということです。たとえば，アパレルの会社に勤めても，そこで販売部門に従事するか，製造部門にたずさわるか，財務部門に属するかによって仕事の中身はまったくちがうことになります。もちろん企業の使命を達成し，利益を上げ，存続を図るという目的は1つですが，その目的達成のためにする仕事の中身がまったく異なるのです。

(4) 仕事の範囲・社内資格等による分類

仕事の範囲・社内資格等による分類とは，おおよそ次のように

> **ロジスティックス**（Logistics）　輸送，物流に関する新しい考え方で，もともとの「兵站」（戦場で後方に位置して，前線の部隊のために軍需品，食糧，馬などの供給・補充や，後方連絡線の確保などを任務とする機関の意味が転じて，生産から消費までの物流と関連情報を最適効率で行うとする考え方。

職　種	仕事の範囲	特　徴
事務職・一般職	総合職の補助業務	転勤がない
総合職	個別に割り当てられた業務目標	転勤がある。管理職への昇進がある
管理職	部下の管理指導を通じて業務目標達成責任	管理職にも階層がある
専門職	専門的能力で管理職，総合職の目標達成を援助する	専門的な知識に基づく専門的発言力

なります。

　職種とは仕事の中身や対象物による分類と，仕事の範囲・社内資格などによる分類の掛け合わせたものになります。たとえば，事務職・一般職として経理業務に従事するのと，総合職として従事するのとでは仕事の範囲も，仕事に対する責任の度合いがちがうということになります。

(5) スペシャリストとゼネラリスト

　仕事の奥行と幅について，スペシャリストとゼネラリストという分類があります。スペシャリストとはある一定の分野について深く専門的な業務知識を保有する人であり，ゼネラリストとは視野が広く，各業務について基礎的な知識をもっている人といえます。スペシャリストとは専門職をさし，ゼネラリストとは総合職・管理職に対応する言葉とほぼ同義語です。

　広い業務の幅をもち知識はそれほど深くないゼネラリストと，特定の分野において深く専門的な知識を保有している人すなわちスペシャリストの組み合わせで，会社の業務は発展していくと考えられます。各々の職務間での人的交流・情報交流が頻繁に行われている会社は発展するだろうし，それぞれの分野にこだわった**セクショナリズム**の横行する硬直的・官僚的な会社は発展の芽を摘んでいる可能性があります。会社の組織を大きく分けると営業部門と，それをアシストする管理・協力部門とで構成されているといえますが，管理・協力部門とはいわばスペシャリストの集まりといえます。

スペシャリストとゼネラリスト　似た考え方に，ラインとスタッフという考え方がある。ラインとは基幹業務にたずさわる者，スタッフはラインの支援機能を負担する。

セクショナリズム　「一つの部門にとじこもって他を排斥する傾向。なわばり根性」（『岩波国語辞典』）。「国益より省益優先」といった最近の役所の行動は，実は民間企業にもしばしば見受けられるものである。

2 自分の興味にあった職種を選ぶ

　業種も多数あるなかで職種もこのように種々あると，職業の選択は，①業種から入って職種を選択する，②職種から入って業種を選択する，の2つがあることになります。しかし前述のとおり，職種の選択は専門知識・技能や資格の保有が前提であり，特別な知識や技術を保有していない普通の学生にとって，①のほうが実際的だといえます。

　自分の身につけたい知識や技能を扱う部門への配属は必ずしも希望どおりにはなりませんが，会社のなかには**転属**やチャレンジの可能性はいくらでもあります。常に自分の目標に向けて努力している人はその**目標実現のチャンス**を見逃しませんが，そのような強い願いを意識しない人は目の前のチャンスを生かすことができません。いっぽう，すでに専門的な知識や，資格を得ている人や得ようとしている人は知識・技能・資格の有用性についてよく考えてみてください。そして，その知識・技能・資格をベースにしてスペシャリストとしてやっていけるかを資格保有者の先輩などによく聞いてください。自分の興味があるから知識・技能・資格を保有したと思うのが普通ですが，本当に自分はこの職種でやっていく自信があるかよく考えてみてください。

　人生の岐路にあたっては情報を収集して自分で判断するわけですが，判断のために十分な情報を得ることができないときや，仮に十分な情報があっても情報を生かし切れるかどうかは個人の事情によることとなります。

　あまりにも多すぎる選択の可能性によって，結局何も選択できなかった経験は誰しももっているはずです。多すぎるメニューや，多すぎる同じような商品の陳列を目の前にして途方に暮れてしまうことはまさしくそういった経験をさします。このようなときでも，自分の好きなものが決まっていれば，選択は多少とも容易になるはずです。それに嫌いなもの，避けたいものがあればさらに選択の幅は狭まります。その結果選んだものがまずかった，思ったとおりのものでなかったとしてもそれは選択者の責任になりま

転属　自己申告制度や社内公募制が採用されている会社が多くなっている。自己申告制度とは，担当する職務についてやりがいや満足度，および将来的にチャレンジしたい進路（部署・仕事）を申告し，会社のめざす方向や上司の意見を合わせて，一人ひとりの育成やチャレンジする意欲をサポートするシステムのこと。社内公募制度とは社内に必要なポストや職種が発生した場合に必要とする能力や要件を発表して社内から応募を募り，そのなかから適任者を選ぶ制度のこと。

目標実現のチャンス
スタンフォード大学のKrumbolts教授が唱えた「計画された偶然性」の理論では，キャリアの80％は偶然によって形成されるが，偶然を引き起こすためには積極的な行動が必要だというもの。能力を高め，情報をめぐらせていれば，偶然のチャンスも逃すことがない。すなわち必然に変えられるという考え方である。

す。「自分の人生は自分しか責任が負えない」は,肝に銘じておくべき言葉です。

3　起業をめざすために

　起業とは,社会のニーズを見つけて自ら事業を起こすことを意味します。社会のニーズとは現存するもの以外に,将来起こりうるだろう,あるいは潜在的なニーズについても含まれます。それを必要としている人々に満足を与えることを自分の使命として起業を図ることになります。

　まちがってならないのは,起業してからニーズを探すのではなくて,事前のニーズの把握が起業の大前提になります。どのようなニーズに対応して起業するかが問題になります。

　たとえば,コンビニを開業するとしても,競争の激しい立地ではほかの競合店にないまったく新しい発想の何かがなければなりません。それは従来顧客も意識していなかったが,本当は欲しかったサービスやモノといった新しさでなければなりません。しかも,ほかの競争相手が容易には真似のできないものであることが必要です。

　いっぽう,今まで需要は十分ありながらコンビニがない地域であれば,従来型でも出店は可能ですが,どんな競争相手が出てきても負けない立地である必要があります。このように新サービス・新製品,新技術,新業態であれ,新規立地であれ何か「新しさ」が必要です。

　冒頭のYさんがこの「新しさ」をどこに求めるかによって,業種と職種の選択は大いにちがってくるはずです。しかし,どこの分野にも「新しさ」の芽は存在するはずですから,「芽の発見が可能な眼」を養うことがまず必要になってきます。

起業　新しい事業を自ら興すこと。起業とは自らの責任で事業を取り仕切ることであり,そのためには社会的ニーズがあることに加え,そのことについて本人が意欲を有していること,さらには自信(能力)が有ることが前提となる。

28 グループワークⅥ 自分を律する

皆さんは,「やってしまった」と反省したことはありませんか。誰でも,なんらかの理由でルールや約束が守れなかった経験をもっています。しかし,その理由が自分を甘やかした結果では困ります。

集団や組織はチームで活動するため,各自が勝手に動いては時間がかかるし成果が上がりません。各自が守るべき事柄に従うことが求められます。

1 社会のルールや人との約束を守る

社会には法律,学校には校則という集団生活をしていくうえでの「守るべき約束事(ルール)」があります。ルールや人との約束を守る力を「規律性」といいます。

規律性には「他を思いやる気持ち」「連帯感」あるいは「生活態度」も含まれるといってよいでしょう。また,集団では「マナー」を守ることも必要です。

人は,それぞれちがった価値観をもった個の集まり(集団・組織)で社会生活を営んでいます。個の価値観をお互いが尊重しあいながら社会生活を営むためにはこの規律を守ることが求められます。

守るべきルールのなかでも,「時間」は最も重要なポイントです。「時間を守ること」は「誠実の証」であり,誰でも容易に判断(評価)できるものといえます。

では,規律性を守るためにはどのような心がけが必要でしょうか。ここに3点をあげておきます。

① 時間厳守が第一歩,守れぬときは事前連絡を
② それぞれの集団・組織には個別の約束事がある

③ 自分自身の常識・価値観・倫理感を押しつけない

　ルールやマナーを守ることは一人の人間としての基本です。自らをふりかえる姿勢を忘れないでください。

2　エクササイズ 「やってしまった！」

　あなたの経験をふりかえってみましょう。そこでは今後への「教え」が見つかるはずです。

● 進め方 ●

〔まず，1人で〕
① ワークシート質問 1. への回答を記入します。

〔3人1組のグループになって〕
② 各自の記入内容を説明します。
　　ほかのメンバーはどのような理由があり，それはやむを得ない状況か，本人の努力で解決できたはずかに注意して聞きます。
　　守れなかったことが一律に悪いとは限りません。どうして守らなかったのか，どうしたら守れるのかについても考えてみましょう。
③ その場で各自が，自分で今後気をつけるべきことを記入します。

116　ステージⅡ　ライフデザインを考える…未来へ向けて現実を知っておこう！

ワークシート　　　　　　　　　　　　　　　　　　　　　　　（規律性）

やってしまった！

1. あなたは過去に，ルールを守らなかったり約束を破ったりしたことがありますか。

　　　　　　どのようなこと　　　　　　なぜ守れなかったのか

　　①

　　②

　　③

2. 以上をグループ内で話し合ってみましょう。

> メモ（ほかの人の考え・意見などポイントをメモする習慣を身につけましょう。）

© 株式会社ヒューマンリソース『社会人基礎力養成演習テキスト』

29 企業人に求められるものはなんだろうか

Oさんはある鉄道会社に入社しました。会社に入ったら，お客様の安全・安心を基盤に，会社の発展のためにいろいろな沿線開発の新規事業を企画しようと張り切っていました。ところが，最初に配属されたところはある駅で，駅構内やトイレの掃除もやらなければなりません。入社の意図とおおいにちがって悩んでいます。

1　自立と自律

(1) 人と企業の関係

　バブル経済崩壊後，企業とそこに働く人の関係が大きく変わってきました。高度経済成長時代は，企業に属することは一生をそこに託して，会社の成長とともに自分の役職も，生活も，能力も高まっていくことが実感できた幸せな時代でしたが，グローバル経済の進展とともに両者の関係は微妙に変化してきました。もともとよく考えれば，企業にとって「人」は目的達成のための手段です。企業には企業目的がありますが，それは使命→利益→存続の循環関係を維持することです。その手段として「人」がいるわけです。いっぽう，「人」にとっては「企業」は自分の目的達成のための手段にすぎません。企業から金を得るか，知識や技能を得るか，仕事をやり遂げた喜びや自己実現の喜びを得るかはそれぞれの目的であり，そのための手段が企業となるわけです。ともに利用しあう存在であるわけです。この両者の思惑のバランスがとれている時代は問題が少なかったわけですが，企業は競争のためにはより安価な労働力を求めます，いっぽう，個人の側も自分の目的達成がしにくくなってくるという具合に両者のバランス関係は微妙にずれてきたといえます。

　企業で働く人が幸せに気持ちよく働ける環境をつくるのが，長

知識や技能　企業には長年の間に築き上げたノウハウや知識を手順書や手引書にして企業の知的資産として具体化させたマニュアルがある。業務マニュアル，事務処理マニュアル，訓練マニュアル等がそれにあたる。このほかに明文化されていなくても企業のノウハウ・知識が積み上げられた事務処理・業務処理手順があり，独自に1から積み上げていくよりもはるかに早く業務習熟が可能である。

期的には企業目的達成のためには一番よい結果をもたらすことはもちろんわかっていても,短期的にはそうはいかなくなっているのです。

　企業人に今求められているのは,「自立」と「自律」です。会社に自分の身を任せておけば安泰だというのではなく,会社から離れた自分を常に意識していることが必要です。そのためには自分を律して行動することが求められます。キャリアアップなどという言葉が,最近は普通に使われるようになりました。自分の目的を達成するにはより深い知識や高い技能が必要だとあれば,自ら金を出してでも勉強する。「自立」と「自律」はその意味で必要なのです。

(2) 顧客の満足

　これから企業人になろうという学生の皆さんにいえることは,入った当座は与えられた仕事をできるだけ早く一人前にできるようになる。そのためには,いつまでも新人社員扱いされていないように,どんな仕事であれ真剣に全力をあげて取り組むことです。仕事は,すべて企業目的達成のためにあります。それが一見,目的達成と関係ない仕事のように見えてもそんなことはありません。冒頭の駅構内やトイレの掃除も,鉄道を利用するお客様に気持ちよくすごしてもらいたいという企業の願いであり,そうすることが顧客の満足を生むからです。Oさんの希望する新規事業の企画とは**顧客の声**をじかに吸収することからできるはずです。その意味で駅での勤務を通じて顧客の声を知るということは将来の自分自身の希望に向かって重要なチャンスを与えられたと考えるべきです。

2　相手目線を理解して行動する

(1) 相手の考えを読み取る

　企業に属するとは仕事を共同して行うことを意味します。また,お客様のニーズを満たすことが社会的な使命を果たすことなのだと説明しましたが,企業には常に顧客がいます。

　自分の思うとおりに仕事を進めたい,自分の考えで,やり方で

顧客の声　「フェーストゥフェース・コミュニケーションにおいて話の中身以外のノンバーバルコミュニケーション,すなわち視覚情報(態度,ジェスチャーなど)や聴覚情報(口調,速さ,声の質など)が占める割合は高い」といわれており,「目は口ほどに物を言い」という言い回しの妥当性を裏づけている。

仕事を進めたいと考えがちですが，そのとおりにはできません。自分の仕事の進め方は，組織に影響を与えることとなります。したがって，常に上司や同僚との間でコミュニケーションをよくして，彼らの考えていることを理解する必要があります。また，顧客が何を望んでいるかを理解しなければモノは売れません。

　皆さんがこういう商品が欲しいと思って店に買いに行ったとして，その店のスタッフが自分の売りたいものにこだわって，その商品についての説明ばかりしたら，その商品を買いますか。

　相手は何を望んでいるかを推測し，理解することは企業人として最も必要な技術の1つです。自分の望んでいることは，はっきりと口に出して言えばよいではないかと，若いうちは考えがちです。しかしよく考えれば，必ずしも自分の考えをストレートに表現することができない場合もいくらでもあります。たとえば，店に買いに行って，最も安い実用品でよいとはなかなか言えない場合があると思います。相手の立場を考慮して婉曲に表現するということは大事な技術であり，そのような状況では情報を発信する側も，受信する側も正確に読み取る必要があります。

(2) 自分のことを理解してほしい

　顧客の満足を追求することが仕事の本質であれば，「相手目線で見てみる」ことは重要な手段です。「他人の考えていることなどわからないし，わかりたくもない」と思っている人は他人に理解されないといって悩む必要がないことになりますが，しばしば「自分のことをわかってくれない」といって悩んだりします。相手の立場になって考えてみることの重要性は，この一事で理解できるでしょう。「相手目線の理解」とは冒頭の事例にもあるとおり，まさにこういうことをさすのです。お客様の気持ちを理解せずに，どうして新規事業など企画することが可能でしょうか。現場仕事を経験する，現場の状況を正確に把握することを通じて，お客様が何を考えているか，何を求めているかを知ることは企業人にとって絶対に必要なことなのです。現場を無視して頭で考えた，空理空論ほど恐ろしいものはありません。第二次世界大戦での**日本軍の敗退**は，この現場無視によるところが多かったといわれます。

> **日本軍の敗退**　『失敗の本質—日本軍の組織論的研究』（中央公論社）によると，たとえば，ノモンハン事件については「作戦目的があいまいであり，中央と現地のコミュニケーションが有効に機能しなかった。情報に関しても，その受容や解釈に独善性が見られ，戦闘では過度に精神主義が誇張された」と記されている。

他人の意見や情報に惑わされて失敗しないようにするためには，現場で現実を確かめることです。

3　コンプライアンス・CSR を知る

(1) 目的のために手段を選ばない？

　企業の不祥事が続いています。外部からみると「なぜそんなことが行われるのか？」と疑問に思うほどに，誰もがやってはいけないと知っているにもかかわらず，現実にはそんな単純なことも守られない事態をみると，企業はどうしてそんなことが守れないのだと思うでしょう。いろいろな理由があるのでしょうが，すでに26で説明したように企業には顧客のニーズを満たすという社会的な機能があります。これを使命と呼びます。使命を果たすことにより利益を上げ，利益は存続のために，存続は使命のためにという具合に企業とは右図のような循環を永続させることにほかなりません。別の言葉でいえば，それぞれが目的と手段の関係にあります。使命を果たすとは利益のための手段であり，利益は存続のための手段であり，存続は使命を果たす手段となるわけです。

　組織全体で，一人残さずこの企業の循環目的を正しく理解していなければなりません。たとえ一人でも使命を正しく果たすことなく，偽装商品，欠陥商品，**インサイダー取引**，法令違反などを行って利益を上げ，そしてそれが露見すれば企業は大きなダメージを受け存続すら危うくなります。

　ちょうど学校に校風があるように，企業にもその企業独特の価値観，行動パターン，思考様式などがありますが，この企業風土は利益追求型風土ではなく，使命追求型風土であることが望ましいわけです。

(2) コンプライアンス・CSR

　コンプライアンス (compliance)，CSR (Corporate Social Responsibility) といった欧米流の概念がどんどん登場して日本企業は対応を迫られています。コンプライアンスも CSR も社会とのつながりを強く意識した言葉です。たとえば，コンプライアンスを単なる既存

企業の循環目的

使命 → 利益 → 存続 → 使命

インサイダー取引　金融商品取引法で内部者取引として禁止されている。上場会社等の役職員，代理人，使用人，その他の従業者等が一般投資家の知らない会社内部の重要事実を知りながら，その事実の公表前に会社の株式等の売買を行うことがその典型である（『ビジネス・経営学辞典』中央経済社刊）。

法令の遵守と考えるのではなく，社会規範・倫理・社会的要請といったレベルにまで高めてその要求に「応ずる」ことを求められているといわれています。新聞をにぎわすコンプライアンス違反の事件は大部分が法令に違反したケースです。

しかし，最近起きた損害保険・生命保険会社の特約保険の例などは保険会社と保険契約者との約款には，契約者が請求しなければ保険会社には保険金支払いの義務はないことになっているにもかかわらず，保険会社は契約者の無理解をいいことに支払いを怠ったとして大きな非難を浴び，結局は保険会社が支払いを行うことになりました。このように表面的に法令違反が存在しないにもかかわらず，本来的な意味での保険機能を果たしていないとして本質的な機能発揮を要求されるようになりました。

また従来，企業は株主のものであり，株主中心に経営すべきであるとする企業観が主流でしたが，現在ではCSRの観点から企業のステークホルダー（利害関係者）は株主，従業員，顧客，取引企業，債権者，地域社会，政府などであり，企業はこれらの各種利害関係者の要求や期待に応答しつつ経営することが要請されています。すなわち，企業活動は地球環境，国際社会，地域社会，市民，ボランティアグループなどに十分な配慮を加え，**説明責任を果たすことで企業の社会的信頼度を高めること**要請されています。

企業は「使命」を果たすことで社会に貢献していますが，使命の果たし方には従来以上の配慮が要請される時代になったのです。自動車会社が「エコ」を訴えるのも，単に安全・安心で高性能の車を作ればそれでよしとするのではなく，地球環境に配慮した車を作らなければならないという時代の要請に答えたものにほかなりません。皆さんが企業人となっても「使命」に始まる企業の循環目的を忘れてはならないのですが「使命」の遂行にあたっても，より注意深い配慮が必要な時代になってきました。

説明責任（Accountability）「個人や組織の行動を対外的に説明する責任をいい，語源はaccounting（会計）とresponsibility（責任）の合成語で株主などの出資者に対して資金の用途やその明細を説明し，株主から経営の委任を受けた経営者がその義務の一つとして会計報告を行ったことがもともとの意味であった」（『経済用語辞典』（第4版）東洋経済新報社刊）。

30 まとめ
──豊かなキャリアデザインを創ろう

1 キャリアデザイン，ライフデザインの意識を

　今までの内容をとおしてキャリアとは何か，キャリアデザイン，ライフデザインとは何かを学んだと思います。そして現代社会において，なぜこのような考え方が注目されるようになったかも理解したと思います。就職活動に関するマニュアルでは，「大学時代に何をして，何をつかんだか」が問われると強調しています。しかし，実社会では「何をどのように考えて，どう動いたか」が重要視されます。なぜなら，前者は「特定場面での対応」にすぎませんが，後者はその学生の「思考回路とその行動様式」が読み取れるからです。そして，実社会においてもその思考回路と行動様式で物事に対応することができるであろうと期待されるからです。最後にキャリアデザイン，ライフデザインについて，おさらいしたいと思います。

①キャリアデザインの第一歩は，自己イメージを明確にする（**自己分析をする**）こと。

　　自分という存在は，自分自身と自分の周囲の人々とのかかわり合いによって形成されたもので，生涯を通じて発展するものです。自己イメージには現実性が求められます。現実に基づかないキャリアデザインは，職業と自分のミスマッチを引き起こします。

②自己イメージに現実性をもたらす3つの問いかけ
　・自分は何ができるか（得意か）
　・自分は何がやりたいか（好きか）
　・自分はどんなことに意義や意味を見いだし，価値を感じるか

③エンプロイアビリティ（雇用されやすい能力＝自分のよいとこ

自己分析　自己分析とは，自分が何か特別のことをやったとか，やる力があるとか，何かに熱中したといったことだけが分析の対象となるわけではない。何をやったかよりも，何でそれをやったのかに意味があり，さらにどのようにしてやったかにもっと意味がある。求人側の視点に立てば，今までの実績のみに胸を張る人よりも，どんな些細なことでも，どのようにそれに取組み，工夫する姿勢をもったか，その過程で自分がどう感じたかを意識し，これからがんばれる人により興味をもつはずである。マニュアルどおりの自己PRをするために自己分析をするのではないことを強調したい。

ろ，個性，強み）
- ・職業人意識
- ・コミュニケーション能力
- ・基礎学力（読み書きソロバン）
- ・社会人としてのマナー・エチケット

④偶然を生かすスキル（運を味方にするスキル）

　世の中は必ずしも計画どおりにいかない。予想外の展開がありうる。
- ・好奇心
- ・持続性
- ・柔軟性
- ・楽観性
- ・冒険心

2　今すぐできることから始める

　できることはいろいろあると思います。まずは，自分のキャリアを開発する意識をもちましょう。

①まだやってなければ，自己分析（自己イメージ）をしてみましょう。それには，ライフラインチャートとか成功体験シート，失敗体験シートなどを使って，システマティックにかつ客観的に自分をふりかえってみることです。人間は本能的に，過去の失敗などは思い出したくないものです。明治大学教授の斎藤孝がコミュニケーションツールとして提唱する「偏愛マップ」なども本来のアイスブレイキングの目的ではなく，自分自身をレビューするフォーマットとして十分使えます。時間があれば職業適性検査を受けるのもよいでしょう。

②業界情報・職業情報を収集して，基礎知識を整理することも意味があります。

③インターンシップにトライしましょう。

④所属する学校のキャリア関係講座を受講しましょう。

⑤就職ナビに登録して，就職戦線の情報収集をしましょう。

参考図書
『偏愛マップ―キラいな人がいなくなるコミュニケーション・メソッド』（斎藤孝，NTT出版）

⑥コミュニケーション能力を高めるためだけでなく，社会の一般常識を豊かにするため，そして社会の動向に敏感になるために，新聞を毎日読みましょう。ラジオというメディアも捨てがたいものがあります。通学のあいだに，日本語放送だけでなくAFNなど英語放送を聴くことも役に立ちます。

⑦上述しましたが，まず自分で能動的に考え行動する癖をつけましょう。自分がやりたいことを見きわめ，それにチャレンジできる場に出ていきましょう。自分の社会での立ち位置を考えたキャリアプランをもって，社会に出る準備（就職活動）に取り組みましょう。

　皆さんが，豊かなキャリアデザインにそったしっかりとしたキャリアプランをもって，社会性と社会人力のある人材として，希望と意欲を胸に社会に旅立つことを祈っています。

執筆者

(五〇音順)

有田　五郎　　法政大学総長室企画・戦略本部特任講師
［略歴］　1970年 慶應義塾大学経済学部卒。1970〜2006年 伊藤忠商事㈱で営業・海外・人事担当，2006〜07年 帝京大学，2008〜10年 法政大学キャリアセンターキャリアアドバイザーを経て現職。企業・大学双方の現場でキャリアカウンセリングを実践。その間，南山大学でグループワークを習得。上級キャリアカウンセラー，メンタルヘルスカウンセラー。日本産業カウンセリング学会，日本キャリアデザイン学会，日本キャリア開発協会，キャリアカウンセリング協会会員。

今井　昭正　　帝京大学国際部門アドバイザー
［略歴］　1964年 小樽商科大学商学部卒。1964〜2001年 伊藤忠商事㈱及び伊藤忠グループ企業勤務（自動車部門所属，海外国内事業会社役員/1992〜94年 総務省出向/海外駐在通算約22年・海外訪問国数150数カ国），2002〜05年 帝京大学イギリス分校校長，2006〜11年 帝京大学短期大学教授（キャリア開発論，国際ビジネス論，ビジネス英語，実用英語等担当）を経て現職。

上　憲治　　帝京短期大学教授
［略歴］　1973年 東洋大学文学部哲学科卒，1980年 日本大学大学院博士後期課程修了。日本道徳教育学会理事・評議員，日本道徳教育学会神奈川支部副支部長などを歴任。五十鈴塾賛助会員，イギリス理想主義学会会員，国際教育連盟（W.E.F）会員。
業績：㈶日本教育連合会教育研究賞（1998年）
著書：『新しい道徳教育』（共著）大明堂　，『道徳と倫理の未来へ』（共著）清水書院

戸川　隆夫　　元LEC東京リーガルマインド大学教授
［略歴］　1964年 早稲田大学第一法学部卒。1964〜96年 住友商事勤務（主に東京本社にて審査，関連事業，事業開発部業務及びジャカルタ事務所にて人事，総務，経理，審査を担当），1996〜2004年 ㈱サミット勤務（人事，総務，経理等担当常務及び顧問），2005〜08年 LEC東京リーガルマインド大学総合キャリア学部教授。

村林　栄彦　　元LEC東京リーガルマインド大学総合キャリア学部教授
［略歴］　1965年 慶應義塾大学経済学部卒。1965〜2005年 日商株式会社（現双日）勤務（東京/大阪本社で財務・外国為替部門，パリ，トロント，シカゴで総務・経理部門を担当），バンコックのJ/V会社他の関係会社役員，2005〜10年 LEC東京リーガルマインド大学教授，特任教授を歴任。

協　賛
株式会社ヒューマンリソース
　エクササイズのコンテンツ提供（『社会人基礎力養成演習テキスト』より部分抜粋）
　http://www.human-resources.co.jp

実学　キャリア入門――社会人力を体感する――

2009 年 3 月 25 日　第 1 版第 1 刷発行
2013 年 4 月 5 日　第 1 版第 3 刷発行

著者	有田　五郎
	今井　昭正
	上　　憲治
	戸川　隆夫
	村林　栄彦

発行者　田中　千津子

発行所　㈱学文社

〒153-0064　東京都目黒区下目黒 3-6-1
電話 03 (3715) 1501 ㈹
FAX 03 (3715) 2012
http://www.gakubunsha.com

© ARITA Goro, IMAI Akimasa, KAMI Kenji, TOGAWA Takao,
MURABAYASHI Sigehiko, Human Resources 2009

印刷所　新灯印刷

乱丁・落丁の場合は本社でお取替えします。
定価は売上カード，カバーに表示。

ISBN978-4-7620-1908-1